の武将たち 上 [中世編]

河田　稔
Kawata Minoru

a fount of knowledge
北日本新聞社新書
004

木 曾 義 仲 像

上 杉 謙 信

佐 々 成 政

写真は越中一向一揆の拠点となった井波瑞泉寺の山門（上）と石垣（下）

草に埋もれ、苔むす古戦場の石垣に遠き乱世の哀歓が刻み込まれている。人間疎外が深まる現代にくらべて、戦国武将の魂にふれたとき人間くさささが心にしみ込むからだろうか。源平の争乱期から江戸時代にはいるまで、日本は武士による戦乱が相次いだ。そのなかで多くの〝英雄〟が登場し、消えていった。数百年たったいま、その跡を見い出すことはむずかしいが、血なまぐさい合戦は越中の地でも例外ではなかった。東日本と西日本の分岐点に位置していた越中の武士たちは、時の流れとともに、自らの利益と一族のために合戦に明け暮れ、日本史の表面に登場することは少なく埋もれていった

倶利伽羅の決戦を前にして平氏の大軍が休息した猿ケ馬場。ブナの群生林があり、芭蕉が「義仲の寝覚めの山か月悲し」とよんだ句碑が立っている

桃井直常の墓と伝わる興国寺の宝篋印塔

名越一族が火を放ち自刃した放生津城跡の石碑は
放生津小学校の一角にある

秀吉が成政征伐の陣をしいた富山市城山の白鳥城
跡。ここからみる眺望は美しい

上杉謙信が信仰した毘沙門天の像。上越市春日山の毘沙門堂に安置されている

秀吉が使用した唐冠形（右）と水火形（左）のかぶと。小矢部市埴生八幡宮にある

ザラ峠を遠望する

成政は立山連峰から後立山を越えて浜松の家康に秀吉打倒を念願したが果せなかった。いわゆる〝サラサラ越え〟である。当時としては人跡未踏の厳冬期に思い切った山岳作戦を立てた。いま、人間の英知が山の奥深く入りこみ、黒部ダムが出現した。成政一行が往復に渡った〝平の渡し〟はダムの底に沈み面影はない。だが、四囲を圧する山々の雄姿は、いまも昔も変わりない

はじめに

「越中の武将たち」が43年ぶりに改訂され、北日本新聞新書シリーズの上下2巻として刊行されることになった。その日を心待ちにしていた一人である。

ここ数年の間、NHK大河ドラマで戦国時代が何度か取り上げられ、越中も合戦の舞台として登場した。お隣の越後・上杉勢や尾張・織田方に攻められるシーンが目立った。決して弱者の負け惜しみではないが、わが郷土で、武家をはぐくみ、戦国時代という大きな歴史の荒波にのまれながらも、土地を守り、家をつないできた武人たちの姿を思うと、テレビを見ていて胸が熱くなった。越中の武士たちは、歴史に名を残したいわゆる英雄ではない。歴史の片隅に埋もれたままになった人たちの方が多い。それだけにそれぞれの人生に共感も生まれた。

源平時代から加賀前田藩に支配されるまでの間、ふるさとに生きた武人たちを、史実にもとづいて丹念にすくい上げ、光を当てたのが「越中の武将たち」である。昭和44（1969）年に北日本新聞夕刊で60回連載、その年に刊行されてベストセラーとなった。わくわくしながら一気に読み上げたのを覚えているが、その感動を新たな読者にも味わってほしい。

「歴女」といわれる歴史ファンが増え、中世の山城がブームになっているという。富山では、源平の合戦の火ぶたを切った木曾義仲と巴御前にスポットを当てた大河ドラマの制作を要望する運動も盛り上がっている。そうしたときに、「越中の武将たち」が再び世に出る縁を感じている。

今度の刊行にあたり、連載を執筆した河田稔氏にあらためて全文の点検をお願いした。感謝を申し上げる。

2012年11月

北日本新聞社代表取締役社長　板倉　均

越中の武将たち ㊤ [中世編] 目次

源平と越中武士団

南北朝と桃井直常

越中の武将たち　下巻［戦国編］目次

源平と越中武士団

中世の序曲

いまから約八三〇年前。治承四（一一八〇）年といえば、都ではまだ平氏全盛のころである。平治の乱以降、中央政界を武力でおさえ、太政大臣となった平清盛の勢威はますます強く、後白河法皇を幽囚し、高倉天皇を退位させて娘の徳子《とくこ》（のちの建礼門院）が生んだ皇子（安徳天皇）を即位させた。平氏一門の知行は全国六十六カ国の半数以上に及び、まさに〝平家にあらざれば人にあらず〟という勢いだった。

同年四月、こうしたおごる平家にたまりかねて、源頼政が後白河法皇の第二皇子、以仁王《もちひとおう》を奉じ火の手をあげることを決意。「諸国の源氏らよ、いまこそたって清盛らを追討すべし」という以仁王の令旨《りょうじ》を東海道、東山道、北陸道などへ飛ばし、南都北嶺《ほくれい》の僧兵をさそい兵をあげた。だが、戦いは利なく奈良に逃げる途中で以仁王は流れ矢にあたり戦死、頼政も宇治平等院のあたりでむなしく敗死した。時に五月二十六日。この挙兵は諸国源氏に大きな波紋を投げ、源平合戦の幕あけになった。

まず八月十七日、のちの征夷大将軍、源頼朝が妻政子の父、北条時政の助けをかりて挙兵。石橋山で敗れ、あやうく命を失いかけたのは有名な話だが、十月には関東の土豪たちを味方につけ富士川で平氏軍を敗走させ鎌倉にはいって関東を支配する一大勢力にのしあがった。

一方木曽の中原兼遠のもとでたくましく育った源義仲は、令旨を受けると樋口兼光、今井兼平、楯親忠《たてちかただ》、根井《ねのい》小弥太の四天王をはじめ土着の武士を味方につけ、九月七日信濃に兵を起こした。中央本線の宮ノ越という小さな駅の付近に〝旗挙八幡宮〟という神社があり、そこが義仲挙兵のゆかりの地だといわれている。義仲は平氏方の小笠原頼直を越後に追い、信濃一円を支配し上野国《こうずけのくに》へも進出する勢いをみせた。さらに甲斐、近江などの源氏の武士の活動も目立ちはじめた。

このころ越中平野には砺波南部の石黒党と新川東部の宮崎党を中心に多くの武士た

ちがいた。石黒太郎光弘、高楯二郎光延、泉三郎成興、水巻四郎安高、福満五郎光久、向田荒二郎村高、福田二郎範高、吉田四郎、賀茂島七郎、蟹谷二郎、千国太郎真高、宮崎太郎、南保二郎家隆、入善小太郎安家や河上氏、野尻氏などだ。

彼らについて書いた資料はほとんどないが、それぞれ館を築き、家の子郎党を養いながら力をたくわえていたようだ。表面上は国守である平氏一門らに従属する姿勢をとりながら、機会があれば独自で判断できるだけの政治性を育てていた。しかし都の平氏は貴族化していき、〝武士の世〟を望む地方武士の利害を代表できない存在になりつつあることも感じとっていた。

義仲は源氏の仲間割れを防ぐため、むすこを頼朝に人質として渡した。東海道を頼朝に任せた義仲は「東山、北陸両道を従えて、今一日も先に平家を滅ぼし、日本国に二人の将軍を仰がれん」という決意で上京の意思を示した。寿永元（一一八二）年十月、越後国守・城長茂《じょうながもち》を千曲川横田河原の合戦で破り、越後国府（現上越市）に進出し、武勇の名声が高まった。

平氏に不満を持つ越中の武士たちは加賀などの武将とともに風になびくように木曽方にはせ参じた。

彼らの態度を疑った義仲に対し誓書を出したので、喜んだ義仲は彼らに信濃産の良馬を一頭ずつ与えたと「源平盛衰記」にある。

平氏はこのころ主柱・清盛を失い、頼朝は鎌倉で新政権を打ち立てつつあり、三者てい立の様相をみせた。寿永二（一一八三）年の雪どけとともに、義仲追討の平氏軍約十万が北陸道に向かい、北陸はしだいに戦乱の度合いを深めていった。

白い旗あげ

源平争乱のころ、越中でもっとも反平氏の勢力をふるった武士団の中心は、宮崎太郎を総領とする宮崎党と石黒光弘がひきいる石黒党だった。

新潟県と県境を接する朝日町に八幡山、通称城山（二四八メートル）がある。ここが宮崎党の本拠だった宮崎城の跡だ。北ア・後立山連峰の尾根が日本海に落ちる先端にあたる小高い山だが、ながめが良く、ハイキングコースになっている。晴れた日に頂上の本丸跡に立つと紺碧《こんぺき》の海の向こうに能登半島が浮かぶ。東には親不知・子不和の険から続く海岸線があり、西には黒部川扇状地が広がっている。

越後と越中の国境を海と山ではさんだこの天然の要害は源平時代から多くの戦乱の跡を秘めている。太平洋戦争中、陸軍が地形を変えたというが、それでも本丸、二の丸、三の丸や空堀の跡が残り、遠く源平の世や戦国武将をしのばせてくれる。

寿永元（一一八二）年、ここに館が築かれた。治承年間（一一七七〜一一八一）に「反平氏」の兵をあげた以仁王の子が宮崎に来たときだ。「平家物語」などによると、以仁王戦死のとき王子は奈良にいたが御乳人《おちのひと》の讃岐守《さぬきのかみ》重秀が出家させたあと、北陸の地へ伴う。このころ北陸の在地武士の多くは木曾義仲方につき、義仲の勢力は越前まででおよんでいた。義仲は王子を還俗させて北陸宮《ほくろくのみや》として奉り、宮崎太郎らに預け八幡山の社殿近くに御所を構えるとともに、重秀に武運長久を祈らせたという。北陸宮はまた木曽宮、還俗宮ともいわれるが、のちに義仲が入京した時、皇位につかせようとするが失敗したため、京都郊外野依《のより》で静かに余生を送った。

北陸宮が京へ戻ったあと、宮崎の館は宮崎党の本拠地になったが、宮崎党についてては正確な史料は残っていない。総領の宮崎太郎、弟の南保二郎、太郎の嫡子といわれる入善小太郎の活躍ぶりは「平家物語」や「源平盛衰記」に断片的だが地方武士としてその名をしるされている。

太郎は弟の三郎とともに宮崎の本拠に住み、二郎を南保（朝日町南保）に、小太郎を入膳（入善町）に置いて守りをかためるとともにその地域を支配していた。

総領太郎は、北陸宮を預かったことから見ても義仲の信頼が厚く、義仲軍の先陣として戦うつわものだった。また小太郎安家も加賀で高橋判官長綱に一騎打ちをいどむ若武者ぶりを発揮したという。

宮崎党についてはまだまだ解明されていない点が多い。土着の武士だったのか、子孫はどうなったか…などだが、少なくとも源平のころ越中東部でもっとも勢力が強かった武士団が宮崎党であったといえそうだ。

宮崎城本丸跡から二の丸（手前）三の丸跡を望む

一方、越中西部方面で統率力を持っていたのが、石黒党だ。

「三州志」（富田景周《かげちか》）などには宮崎氏や他の武士団とともに藤原氏の流れをくむとされているが、古代の豪族、砺波氏の子孫だという説もある。いずれにしてもこのころ、福光に館をかまえ、家の子郎党を養っていた石黒太郎光弘は石黒庄を中心に砺波南部を勢力圏に置いていた。高楯二郎光延、泉三郎成興、水巻四郎安高、福満五郎光久らが一族だ。高岡市鴨島付近にいたらしい賀茂島氏も石黒氏の流れをくむといわれ、石黒氏は大きな勢力を持ち、越中武士団の中では発言力もあった。

石黒氏にしても宮崎氏とともに史料が少なく、光弘がどれほどの郎党をかかえていたかわからない。しかし、越中武士団は義仲挙兵とともに自立し名をあげるため、義仲軍の先陣として戦場へ出ていった。

平氏十万、北陸へ

主柱・清盛を失い、東国や北国で頼朝、義仲の源氏勢力が強まるのにあわてた平氏は、寿永二（一一八三）年雪どけを待ち、まず義仲追討をめざして軍勢を北陸に向けた。

平氏軍の将軍は三位中尉維盛《さんみのちゅうじょうこれもり》、越前三位通盛《みちもり》、薩摩守忠度《ただのり》、皇后宮亮経正《こうごうぐうのすけつねまさ》、淡路守清房、三河守知盛《とももり》らだ。さらに越中次郎盛嗣《もりつぐ》、上総大夫判官《かずさのたいふのほうがん》忠綱、高橋判官《たかはしのほうがん》長綱など名のある武士だけでも三百四十数人もおり、諸国から集めた平氏の兵は総勢やく十万にのぼった。甲《かぶと》をかぶり、金銀の金物をつけた鎧《よろい》を着て白馬にまたがる将軍たちを先頭に、軍勢は四月十七日、京都を出発した。大軍は途中で略奪を加え人々を恐れさせながら近江国から越前国にはいった。

一方、平氏軍勢の出発を耳にした義仲は信濃にいたが、すぐ信濃の仁科守弘、加賀の林六郎光明や越中の武士らを越前に急行させた。越前平泉寺の僧斉明らは燧《ひうち》に城をきずき前進基地としていた。燧ケ城の跡は福井・滋賀県境近くの福井県南越前町今庄に残っている。

源氏勢は城の近くを流れる日野川に大木や巨石を積み重ね川の流れをせきとめて人工湖をつくり平氏の進撃を食いとめようとした。やがてこの城まで迫った平氏軍も水をまんまんとたたえた湖を前にして攻めあぐんだ。だが十万の平氏に対し五千の源氏はあまりにも無勢すぎた。平氏の大軍に恐れをなした僧斉明は「城の湖は人工のもので、夜の間に堤防を破れば水がひき容易に渡れる。私も城内から兵をあげる」とひそかに寝返った。堅城を誇った燧ケ城も落ち、越前三条野でも敗れた源氏は加賀国へ退却した。その中に石黒太郎光弘、高楯光延《たかだてみつのぶ》、泉三郎、福満《ふくみつ》五郎、千国真高《ちくにまさたか》、向田《むこうだ》村高、水巻安高、同安経、中村忠直、福田範高、吉田四郎、賀茂島七郎、宮崎太郎、南保二郎などの越中武士がいた。これらの武士は加賀篠原までさがり今後の方針を決める軍議を開いた。

　今や平氏の大軍は加賀に攻め入ろうとしているが、義仲はまだ越後の国府にいる。われらはまずここで平氏の大軍と一大決戦を挑んだあとに義仲のもとへいくべきか、それとも直ちに越後にいる義仲のもとへいくべきか。議論百出した。吉田四郎は「いまわれらの兵は少ない、この兵で大軍に当たり大敗すれば再起することはむずかしかろう。ここはひとまず義仲のもとへ行き、隊列をととのえ直すべきだ。その時は勇んで先陣をうけたまわろう」という。しかし、剛勇とうたわれ、石黒党の総領として発言力のある石黒光弘が「およそ士道というものは義に進み節に死すものだ。目の前に敵を見て、刀をまじえずに退却するのは大義名分がたたない。力いっぱい戦ってから越後に行こうではないか」といったことで大勢は決まった。越中の武士団は加賀、能登の武士とともに石黒、宮崎を先頭に安宅《あたか》に向けて出発した。

　五月二日、越前を奪還した平氏は、その勢いで加賀国に攻め入り安宅の渡しに殺到した。

梯川《かけはし》をはさんで対陣した平氏と源氏の両軍は、互いに奇策を用いながら戦った。とくに越中の武士たちは必死に戦う。しかし、兵力がまるで違う。またたくまに源氏はけちらされた。この戦いで宮崎太郎が重傷を負い、石黒光弘も倒れ、やっと福満五郎に助けられ命からがら逃げたという。

平氏はさらに加賀の土豪、林と富樫の拠城を打ち破るなど連戦連勝。加賀を支配したその勢いで平氏はいよいよ越中に進入する。古代から大戦乱のなかった越中の地ははじめて、戦乱の血にまみれることになった。

般若野の戦い

平氏の大軍は加賀国を奪回しさらに越中に向かった。

得意満面の総大将・平維盛の前に、燧ケ城で内応し平氏に勝利をもたらした平泉寺の僧斉明が黒糸おどしの腹巻に長刀といういでたちで進み出て「いま義仲は越後の国府にいるという。越中と越後の境に寒原（親不知付近）という難所がある。もし敵がここを越えて越中国にはいれば味方にとって大変なことになるから、ここは絶対に押えなければならないと思う。急いで軍勢をつかわし寒原を押え、越中国を従えるべきだ」という。維盛は斉明の進言を取り上げ、前越中国司・平盛俊に先発を命じた。盛俊は兵五千余りをひきつれ、加越国境の倶利伽羅山（砺波山ともいう）を越え越中国にはいった。

越後国府で越前、加賀での大敗の報に接した木曾義仲は大いに驚き、四天王のひとり今井四郎兼平に命じて進軍させた。兼平は、義仲を木曽で養育した中原兼遠の子で樋口二郎の弟。剛勇で鳴りひびいていた。六千の兵を預かった兼平は海岸線に親不知などの難所を通り、四十八カ瀬といわれていた黒部川を渡り、御服山（呉羽山）に陣をとった。富山市金屋付近が宿陣の跡として伝えられている。

盛俊の先発隊は倶利伽羅から小矢部川を渡って砺波郡般若野に出て陣を敷いた。五月八日夕刻、今井兼平は平氏軍が般若野から前進しないことを知り、一挙に撃破しようと計った。源氏勢は夜半の闇に乗じて平氏軍に近づいた。九日早朝、戦いの口火が切られた。午前六時ごろ、越中勢などを先頭に、六千の源兵は白旗を高く差し上げ、わめきながら平氏陣営に押し寄せる。あわてた平氏も盛俊を先頭に必死で応戦した。「源平盛衰記般若野軍事」によると「二百騎三百騎、五十騎百騎出し替え入れかえ、寄りつ返りつ、切りつ切られつ、息をも継がせず、馬をも休めず」という激しい肉薄戦を展開した。午後二時すぎ、源氏の優勢は明らかになった。夕方になり、平氏軍はついに防ぎかね、退去にかかった。動揺する平氏軍に兼平はさらに追撃を命じた。小矢部川原まで、平氏軍は追う源氏兵と戦いながら逃げおちた。この時の戦いで五千の平氏軍は二千の兵しか残らず、般若野はおびただしい死体でうずまったという。いまの般若野は田園地帯だ。八百年前の戦乱を思わせるものはない。

京を出発以来、はじめて敗戦した平氏軍の先鋒は夜になって倶利伽羅を越え、加賀の本隊にもどった。

一方、義仲の本軍は富山湾の浜街道を西進していた。諸国の兵が次々とはせ参じ、総兵力は五万といわれている。兵具をととのえ、威風堂々と進軍し、十日夜に伏木六動寺（六渡寺）に着いた。ここで義仲は平氏の情勢を分析した。さらに軍勢の前で大《たい》夫房《ふぼう》覚明を呼び「戦いは謀略といいながら、平氏はあまりにも大勢と聞く。神仏の擁護がなければ勝ちがたい。北国第一の霊峰、白山妙理権現に祈願書を出そう」といった。覚明は即座に「立申大願事」と称する願文を書き、義仲の面前で大声で読みあげた。なかなかの名文で軍兵たちを感激させたが、義仲も目をつぶり、遠くにかすむ白山を拝み、近づく平氏軍との大決戦の勝利を祈ったと伝えられている。

先鋒をやぶられた平氏軍は作戦を練り直した。総勢十万を二手にわけ、搦手《からめ》三万は越前三位通盛らを大将に、能登路を通って能越国境の志雄山に向かった。また本隊は維盛らを大将に約七万の大勢が赤旗を風になびかせながら北陸道を通り、決戦場となる倶利伽羅へと向かった。

ここに日本合戦史上、有名な倶利伽羅の戦いが目前に迫った。

迫る決戦

倶利伽羅を決戦の場にしようと考えた木曽義仲も、大軍をひきつれて、般若野に転進し今井兼平の軍と合流した。

高岡市常国に〝弓の清水〟という所がある。義仲軍が般若野に向かう途中、兵馬の飲み水がないのに困った義仲が「南無八幡大菩薩《ぼさつ》」と念じて力をこめ地に矢を射ちこんだところ、清水がとうとうとわきでて志気が大いにあがったという伝説の地だ。江戸時代に村人がたてた石碑の横に、こんこんとわき出ている旧跡を訪れる人は多い。

兼平軍と合流した義仲は十日夜、雄神川（庄川）の御河端《みかわばた》に着き作戦会議を開いた。御河端は今の砺波市安川付近だという。

「敵はわれわれの倍の兵力だ。この優秀な敵が倶利伽羅の険を越えて平地へ出たら、味方と同じ条件になり、劣勢のわが軍は不利だ。敵に先んじて倶利伽羅を襲い、必勝を期さねばならない。味方のために計略があったら出してみよ」という義仲の前に宮崎城主・宮崎太郎が進み出た。安宅の渡しで重傷を負い城へ帰っていたが、決戦とありはせ参じていたのだ。太郎は「山の案内はまかせてほしい。この砺波山には南黒坂、中黒坂、北黒坂の三道がある。三道から分進して山中で包囲すれば勝利はまちがいないと思う」とのべた。義仲はこの献策を入れ、さらに綿密な作戦を練った。

倶利伽羅の北麓に陣を取れば、それを見た平氏は敵が来たとみて猿ヶ馬場付近に陣をしくだろう。その時、追手（正面本隊）、搦手（裏面部隊）が相呼応して押し寄せよう―と決まった。さらに部隊を七手にわけ、義仲の叔父・蔵人行家を大将として楯六郎親忠《ちかただ》など一万の兵がまず志雄峠に向かった。

根井小弥太を大将とする二千は蟹谷二郎を道案内につけ弥勒《みろく》山（源氏ヶ峰）へ向かう。石黒太郎光弘、高楯二郎光延を案内者とする今井四郎兼平の兵二千は日宮林方面。樋口二郎兼光を隊長とする三千の兵は加賀国住人の林光明、富樫泰家を連れて河北郡の富田などを通り倶利伽羅の裏面部隊だ。余田二郎や諏訪三郎などは宮崎太郎、向田荒二郎を先導に三千の兵を引率して、安楽寺から葎原《むくがはら》へ向かう。また義仲の愛妾《あいしょう》で剛

義仲が八幡宮に奉納した「木曾願文」字体はもう薄くなり読みとれない

義仲が戦勝を祈願した埴生護国八幡宮

勇無双をうたわれる巴御前《ともえ》（兼光、兼平の妹という）を大将とする二千の兵は水巻四郎、同小太郎を案内者として鷲ケ岳のふもとへ、さらに義仲の本隊は埴生《はにゅう》付近に陣をとることになった。

一方、先鋒《せんぽう》戦で一敗地にまみれた平氏は陣形を立て直し、志雄《しお》峠に向かった三万を除いて七万の大軍は赤旗を押し立て、倶利伽羅に向かい、加賀よりの山麓付近に近づき、山上を目ざした。

義仲は十一日朝、埴生に着いた。北山のはずれに緑の草木の間から朱の玉垣が見え、片割り造りの社壇があった。八幡大菩薩を祭る埴生八幡宮だ。土地の者からそれを聞いた義仲は、鎧《よろい》、直垂《ひたたれ》姿の大夫房覚明を呼び、必勝を祈願する願文を書かせ、社殿に奉納した。この願文はいまも「木曽願文」として残され有名だが、奉納とともに突如、空から白鳩が飛来し白旗の上をぐるぐる回ったという。義仲以下、武士たちは神功皇后の故事を思い出し大いに喜び勇んだと伝えられるが、おそらく兵の騒ぎに山鳩がびっくりして飛びたったものだろう。

義仲軍は日宮林の方から源氏の白旗を押し立てた。しかし、大軍の来襲かと思いながらも、四方とも岩山だと安心している平氏軍は、西はすべて味方で東は道狭く大掛かりな攻撃はできまいと楽観視し、倶利伽羅堂、国見、猿ケ馬場一帯で休んだ。猿ケ馬場はブナの群生林。いまは史跡の立て札があり、その横に松尾芭蕉が「義仲の寝覚めの山か月悲し」とよんだ句碑が風雪にさらされながら立っている。

五月十一日の日中は両軍たがいに少しずつの兵をくり出して小ぜり合いをくり返した。平氏が源氏の術にはまっていくのに気付かぬうちに山は暗闇に包まれていった。

倶利伽羅の合戦

倶利伽羅は「谷深くして山高く、道細し。馬も人も通うことたやすからず」（源平盛衰記）という難所。山中にある倶利伽羅不動寺にちなんで生まれた地名である。いまは県定公園に指定されている。

越中平野が広がり、西には加賀の平野が一望できる。日本海も空にとけこんでいる。

さらに南の方には、雪をかぶった北アルプスの尾根が雄大につらなっている。夕暮れ、赤く染まった西の空に太陽が沈む景色は美しい。

五月十一日、平氏の軍兵もこのような夕暮れを味わいながら、疲労と来たるべき決戦にそなえ、鎧の袖を敷き甲《かぶと》の鉢を枕としていつしか深い眠りにおちいっていた。おぼろ月夜だった。一方の源氏軍は打ち合わせどおり行動していた。樋口隊はすでに背後に回り、各隊も暗闇にまぎれて山上に近づいていていた。

夜も深くなったころ、樋口隊が突然ほら貝や太鼓の音をひびき渡らせながら攻撃を開始した。同時に東、西、北の三方から鬨《とき》の声がどっとわきあがった。不意をつかれた平氏の軍兵はびっくりして起きあがったが、大混乱になった。「源平盛衰記」などによると、このとき義仲は用意してあった数百頭の牛の角に火のついた松明《たいまつ》をくくりつけ、敵の本陣に放ったとある。中国の兵法書などにでてくる〝田単《でんたん》火牛の法〟だ。軍勢火牛の数は誇張だろうが、牛は埴生付近から集めたものだろうか。

頭の上に火をつけられ怒り狂う火牛の群れは猛然と平氏の本陣へなだれこんだ。

平氏軍の兵は弓を持っても矢を忘れ、矢を取っても弓を持ち忘れる。刀一つに二、三人がとびつき、弓一つに四、五人がつかもうとする。馬にはさかさまに乗る。あるいは長刀《なぎなた》を逆について自分の足を切って立ちあがれない者もいる。主人のことを忘れ、人のことなどかまっておれない。大混乱の中で、われさきに逃げようとするが、立ちふさがるのは木曽兵ばかりだ。壊滅状態となった平氏の軍は敵を寄せる気配のない方角へ逃がれようとした。だが、そこは断崖の倶利伽羅谷だった。逃げ道を失った平氏軍の前に白装束姿の人があらわれ、兵を導きながら谷の方へすいよせたという伝説もある。平氏の兵は押し合いながら、次々と谷底へ落ちていった。「源平盛衰記」はその状況を「劣らじと父落とせば子も落とす、主落とせば郎等も落とす。馬には人、人には馬、いやが上にはせ重なりて平家一万八千余騎（平家物語には七万騎とある）十余丈の倶利伽羅谷をぞはせ埋めける」と描く。まさに阿鼻叫喚の修羅場だ。谷を埋めた死体が腐敗し流れ出た川を膿川《うみがわ》というようになったが、いかに凄惨《せいさん》だったか想像にかたくない。倶利伽羅谷もこれ以来、地獄谷、駈込谷ともいうようになった。今は谷

倶利伽羅古戦場

からかけ上がってくる緑の風が、ささやくように古戦場を偲《しの》ばせてくれる。

平氏は上総太夫判官忠綱らを失い、燧《ひうち》ケ城で裏切った平泉寺斉明も生け捕られて斬《き》られた。平氏は維盛以下、加賀へやっと逃げた。

源氏のなかにも死傷者がいた。巴とならんで義仲の愛妾だった葵《あおい》もここで死んだという。葵については正体が不明だが、いまも葵塚として古戦場の近くに残っている。

一方、志雄峠では平氏は義仲の叔父・行家の軍を圧倒していた。義仲は行家隊を案じ、馬や兵をよりすぐって一万を引きつれ氷見湊《みなと》に向かった。氷見の湊は潮がみちて深さがわからず渡りかねたが、越中の武士たちの献策で、馬を渡らせてみて渡ることができたという。行家らは敗退し休息していた。だが、義仲勢は平家の中にかけ入り猛然と攻め、将軍のひとり知盛を討った。倶利伽羅での敗戦を聞き、義仲の応援を見た平氏勢は退却した。

志雄峠は倶利伽羅と並び重要な街道だったが、その後、北陸の主街道が倶利伽羅峠一つになったためさびれ、いまは細い道で重要だったころの面影はない。

ここで付け加えておきたいのは、源平両軍の兵数のこと。平家物語、源平盛衰記によって数は違うが、それも十万とか五万という兵が本当にいたかどうかわからない。「倶利伽羅の山に七万とか四万とか、ちょっと無理でなかったか」という郷土史家もいる。

篠原の一騎打ち

倶利伽羅で予想外の大敗を喫し、多くの将兵を失った平氏の軍勢は志雄山方面から戻った軍と合流して、加賀国篠原まで退却した。一方、義仲軍は行家らを援助したあと、志雄山を越え堂々と加賀へはいり、追撃の手をゆるめなかった。

五月二十一日、陣を立て直した平氏軍は再び源氏と戦いをまじえた。世にいう篠原の合戦だが、この日は暑い日で両軍の兵は汗と返り血をあび、どろどろになりながら懸命に戦った。ここで越中武士にまつわるエピソードが「平家物語」や「源平盛衰記」に描かれている。平家の侍大将、高橋判官長綱に越中の若武者、入善小太郎安家が一騎打ちをいどんだ話だ。

練《ねり》色の直垂に黒色の鎧を着た長綱は剛勇ぶりをうたわれていたが、郎党を失いただ一騎で逃げようとしていたところへ、入善小太郎が駆けつけ、馬を並べ組みついた。「何者だ。名のれ」と長綱がいうと、若武者は「越中国住人、宮崎太郎の嫡子《ちゃくし》入善小太郎安家だ。十八歳になる」と答える。長綱は「死んだ息子も生きておれば十八だ。助けてやる」といい、馬から降りた。だが、血気にはやる少年武士、小太郎は飛びかかった。上になり下になるうちに力にまさる長綱はついに小太郎を押えつけ首をはねようとする。それを小太郎の叔父、南保二郎家隆が見つけた。戦いの前に家隆は兄の宮崎太郎から「小太郎はまだ若い。抜けがけなどせぬよう見ていてほしい」といわれ、捜していたところだ。家隆はかけより長綱の首を切り「いくさは後陣に家来を控えて一騎打ちするものだ。若者ひとりで立ち向かうとは何ごとだ」と説教しながら助け起こす。ところが、立ち上がった小太郎は首を奪って一目散に義仲のもとへ走った。義仲の前で家隆、小太郎とも〝首をとったのはおれだ〟と争う。事情を聞いた義仲は「入善が組みつかねば南保は首をとることができなかった。南保がこなければ入善は逃げれなかった。両方ともよくやった」と名裁判官ぶりを見せ、首を南保のものとし、小太郎にも別の勲功を与えたという。一つの首を肉親が争う—あさましいことかもしれないが、それが地方武士の姿でもあった。敵の大将を討ちとることは恩賞、名誉につながることだった。小太郎も家隆も武士として名をあげることの方が肉親より大事だったのではなかろうか。

さて、ここに出てくる南保二郎家隆は宮崎太郎の弟だとされその館はいまの朝日町南保にあったと伝えられる。

入善小太郎は本によって行重、為重ともされ、入善町に住んでいたという。しかし当時の正史、古文書の裏付けがとれない、藩政時代の調査でも史実性がない、墓碑や筆跡もなく、一族や縁者の末裔《まつえい》と称する家がない――などの理由で架空の人物だとする郷土史家もいた。しかし、いずれにしても物語本は越中武士の活躍と功名心を生き生きと描いていることは興味深い。

篠原の合戦でも平家は惨敗した。平家の残存勢力を押しつぶした義仲は、意気揚々と進軍し、近江、京へと向かった。京にはいる前、義仲は比叡山延暦寺の僧兵に手紙を送り、味方につけた。

北陸道で敗れ、比叡山の僧兵にも見すてられた平氏は、七月にはいり近江で義仲を討とうとするが失敗した。平氏はついに法皇、天皇を奉じて都落ちを決意。これを察した後白河法皇は比叡山に姿を隠すが、平氏の都落ちと源氏の入京の気配に都は上から下まで揺れ動いていた。近江を回った義仲は京をめざしたが、このころの越中武士たちは道案内の役も失い、少しずつ後陣についていたようだ。

義仲の最期

倶利伽羅、篠原の合戦も終わり、戦場はしだいに京、西日本へ移っていった。越中の武士たちも義仲に従って京を目ざしたと思われるが、どこまでいったかはっきりしない。ある郷土史家は「近江付近まではいったと思う」というが、どこでどうしたかということは史料もなく不明だ。

義仲の快進撃に平家の総帥・平宗盛は、安徳天皇を奉じ一門の将兵とともに西国へ落ちていった。時に七月二十五日未明。

京の都は源氏の白旗がなびく。頼朝のあとに挙兵しながら破竹のように進撃し、「旭将軍」の異名をとった義仲の表情は得意満面だった。義仲は院宣を受けて京の警備にあたる。都の人々も横暴をきわめた平氏を追い出した義仲を喜んだ。だが、それも長くは続かず、しだいに義仲軍に非難の声が高まった。暴行略奪の狼籍を当然のようにはたらく者もいる。地方武士に憎悪の感情を持ちはじめた。まして義仲軍は諸国地方武士の寄り合い世帯で、信濃武士など一部を除いて完全統制をとることは無理だった。だが、公家の非難は義仲に集中する。山の中で自由に育ち、公家的な教養を持たなかった義仲は、権謀術数にたけ以前の秩序を願うだけの公家とは相いれないものが多すぎた。

義仲と後白河法皇の関係も冷えていく。西国へ走った安徳天皇のあとの天皇を決めるとき、義仲は越中宮崎に御所を構えさせ、これまで奉じてきた北陸宮を強く推す。だが、法皇はそれを無視し、四歳の四宮（後鳥羽天皇）を即位させた。こうしたことも義仲と法皇の関係が冷却する原因にもなった。

法皇は、頼朝に対しひそかに上洛《じょうらく》をうながす一方、義仲に平氏追討をしつように迫る。このころ平氏は西国で水軍を編成し、盛り返しの気配を見せていた。

義仲は九月二十日、重い腰をあげ京を出発。だが、連戦連勝の義仲軍は備中水島で予想外の大敗を喫した。さらに頼朝の弟、九郎判官義経が京に向かったという情報がはいった。ダブルパンチを受けた義仲は怒って帰京するが、法皇は強硬に平氏追討を続けるか、都を去るかと義仲に迫る。たまりかねた義仲はついにクーデターを決意する。

十一月十九日、義仲は法皇の御所を襲い、法皇、天皇を捕えて幽囚した。さらに摂政以下四十数人の官職を解き、その所領を奪い、「頼朝追討」の院宣もついに出させた。翌寿永三（一一八四）年正月十日には、法皇に強要して征夷《せいい》大将軍の地位についた。だが、そのころ義経軍はすでに近江付近におり、頼朝の弟、範頼も六万の大軍で京へ向かっていた。東国勢は二手にわかれ京をうかがう。源行家も義仲から離れた。義仲は京にとどまり、勢多（勢田）へ今井兼平、宇治へ根井小弥太らをさしむけたが、佐々木高綱と梶原景季の先陣争いで有名な宇治川の合戦で今や数少なくなった義仲の精鋭は義経に敗れた。正月二十日のことだった。

宇治、勢多の敗北を聞いた義仲は〝もはやこれまで〟とみて巴御前らを連れ、敵陣突破しながら、琵琶湖畔で今井兼平と会った。もう旭将軍のイメージはない。巴に因果をふくめて別れ、兼平と二人でおちる義仲は、ついに粟津ケ原で流れ矢にあたり三十一歳の短い生涯をとじた。兼平も自刃、行家と戦った樋口兼光も斬られた。

義仲の敗北で越中の武士たちの野望も挫折した。武士の世を期待し、功名をとげ中央に乗り出そうと義仲のもとへはせ参じた越中の武士たちは、予想もしなかった義仲の敗退によってついに全国に名をあげる足がかりの場を失ってしまった。

旋風児、義仲の野望はついえたが、現代でも義仲に対する評価はまちまちだ。野蛮人とする者、革命性を評価する者などさまざまだ。現代と状況は違うかもしれないが、武将の行動を現代的に解釈するのもおもしろい。義仲の墓はいま大津市の義仲寺にあり、義仲を慕った芭蕉の墓も同寺の境内にある。

伝説の里

木曽義仲が滅んだあと、源氏と平氏は最後の決戦にはいる。

まず寿永三年二月七日、一の谷の合戦だ。この時、源九郎義経が一の谷の背後をついた有名な「鵯越《ひよどり》の坂落とし」の奇襲などで源氏は先勝し、全国制覇の足がかりを確保した。それから半年後の九月一日、源範頼が平氏追討使として平氏の勢力圏の西国へ向かったが苦戦に陥った。このため、義経が平氏の水軍基地・屋島に向かい阿波国に強行上陸するという奇襲をかけ、陸と海に戦いをくりひろげた。

屋島でも敗れた平氏は寿永四年三月二十四日、関門海峡の壇ノ浦で最後の合戦を挑んだ。戦いのたびに将兵を失ってきた平氏は奮闘むなしくついに滅亡する。安徳天皇も二位尼に抱かれ海中へ沈んでいった。「奢《おご》れる者久しからず、ただ春の夜の夢のごとし」(平家物語)という平氏一門の末路はあわれだった。

戦いに勝った頼朝は京へ行かず、鎌倉で独自の政権を打ちたてた。頼朝は弟といえども主従関係をはっきりさせ、非情なくらい武士の規律を重んじた。さらにさからう義経らを追討するという名目で諸国に守護、地頭を置いた。これによって全国は〝武士の世〟にはいった。頼朝は建久三(一一九二)年には征夷大将軍になった。

しかし、越中在住の地方武士は沈黙を保った。義仲が敗れ、むなしく故郷へ帰った越中武士は次の機会を待つよりほかはなかった。たとえば、石黒党の総領、石黒光弘は寿永三年に木舟に城を築いている。木舟城の跡はいま高岡市福岡町貴船神社のそばの田んぼの中にある。城跡の小さな土盛りと松が数本残っている。時代がさがってからも木舟城は常に重要な城であった。光弘は剛勇ばかりでなく地理的にも洞察力があったのかもしれないが、築城などをしてチャンスを待つよりしかたがなかったのだろうか。

旧北陸街道石坂宮の参道をはいると山中にある巴塚。近くには葵塚もある

また、他の越中の武将たちも大なり小なり城を修復したりして、雌伏の時期にはいらざるをえなかったようだ。

源平合戦は諸国に多くの伝説を残した。越中の地も例外ではない。たとえば義仲の愛妾、巴御前だ。近江で義仲と別れた巴は最後の奮闘のすえ捕えられ和田義盛の妻となったというのが定説だ。義盛が滅ぼされたあと、巴は越後国友松で余生を送ったと「大日本史」にある。しかし、越中にきたという話もある。義盛死後、知りあいの石黒光弘をたよって寄食し、尼となって九十一歳で波乱の生涯を閉じたという。和田川のほとりで老死したとも伝えられる。また巴が義盛のもとへいった説を否定し、尼となって越中へ来たという伝説もある。巴塚と称するものは数多い。倶利伽羅山麓には倶利伽羅合戦で死んだという葵の塚の近くに、風雪にさらされて残っている。

平家の落人伝説も多い。

四国徳島の祖谷、九州宮崎県の耳川上流などとともに越中五箇山も落人部落の伝説がある。戦い敗れた平氏が人里離れた山中へ逃げたことは想像できる。五箇山に落武者がはいったのは事実かもしれないが、平家だったという確証はないようだ。しかし、五箇山の民話には落人伝説的なものが多分に盛り込まれてもいる。さらに山深い五つの谷は平家落人を伝えるムードもあった。しかし、合掌づくりの家も減り、多くの観光客も訪れるようになった。伝説の里も変わっている。

義経の奥州くだり

平氏滅亡後、政権を握った源頼朝と、弟義経の間は険悪になる。勝手に任官したり、頼朝直属の御家人とあわない義経に対し、頼朝は追討の兵をさしむける。義経の悲劇は頼朝の性格とか後白河法皇にあやつられた結果とかいわれているが、厳しい主従関係によって武士政権の確立を目ざす頼朝にとって、肉親の甘えは許されなかった。頼朝の態度に義経は、叔父の行家と結び頼朝に対抗しようとするが、頼朝は守護・地頭を設置、これに御家人を配して捜索の手を全国にのばした。文治元（一一八五）年十一月のことだ。

捜索の目は厳しく、義経の愛妾・静御前は捕えられ、行家も和泉国（大阪府南西部）で発見されて殺された。ただ義経だけは京、大和の反頼朝勢力の保護を受け転々と逃げのび、やがて奥州平泉に下った。しかしそれもつかの間、藤原泰衡《やすひら》に攻められ自殺したという。義経が近畿から奥州へくだった経路は今もナゾとされている。

義経ほど伝説化されている武将は少ない。奇略を用いすぐれた戦術家だが、背が低く、出歯で平氏の公達のくずより劣ると「平家物語」で酷評される義経。だが、非情な武士の世界からはじき出され、波乱にみちた生涯は、世の同情をよんだ。いつしか美貌で笛をふき、和歌の一つもよむ人間像に美化され、「判官びいき」という言葉も生まれ、歌舞伎などに登場し長く大衆のアイドルになった。さらにさまざまの説話を生んだが、とくに逃走中のことに多い。

越中においても如意の渡し、雨晴《あまばらし》など多くの義経伝説がある。

倶利伽羅山麓で夜を明かした義経一行は山伏姿で如意の渡し（六渡寺の渡しといわれる。高岡市伏木地内）で船に乗ろうとした。そこで渡守の平権守《たいらのごんげんのかみ》が「山伏が十数人も通るのはあやしい。守護へ申し上げてから渡す」と一行を義経とにらんで止めた。その時、義経の家来、武蔵坊弁慶が「羽黒山の讃岐を知らないのか。ここに九郎判官がいると思うなら指さしてみろ」という。平権守は村千鳥の衣をきた義経をさしたところ、弁慶は「あれは加賀の白山より連れてきた坊だ。あの坊のためにいつもあやしまれ迷惑している」といって走り寄り、義経の腕をつかんで肩にかけ、砂浜の上になげすてた。さらに腰の扇をぬき出し容赦なく打ち続ける。見物人も目をそらすほどだ。さすがに平権守もたまりかね、一行を通した。そして奈呉の林（放生津のあたり）で弁慶は義経にすがりつき、泣きながら「打ったことを許して下さい」という。それに対し義経は「わかっている。このようにつくしてくれているそなたらの行く末がどうなることか」と涙を流し、一行は岩瀬の方へ

高岡市伏木の臨海道路近くにある義経と弁慶像

向かったという。

　この説話は謡曲「安宅《あたか》」や歌舞伎「勧進帳」に似ている。だが「義経記《ぎけいき》」には安宅では何の事件も伝えていない。「義経記」が史実かどうかわからないが、時代とともに義経物語が変わっていくのは興味深い。如意の渡しは六渡寺の渡しだというのが定説らしいが、いまは義経が通過した時代の面影はない。

「義経記」に出てこない伝説も多い。たとえば雨晴だ。「義経記」の道順からはずれるが、一行が文治三（一一八七）年、ここを通ったときにわか雨にあい義経、弁慶らは大きな岩の下で雨が晴れるのを待ったという。この雨晴伝説は如意の渡しよりも連綿と語りつがれ、いまも「義経の雨晴し岩」として残り、親しまれている。

　岩瀬で一泊した義経一行は、常願寺川へさしかかった。川の深さがわからず川岸で難渋している一行に、地元の畑等四郎左衛門という者が浅瀬を教え、傘をもらったという伝説も残っている。

　義経伝説は、魚津海岸の諏訪の森を伏し拝んだという説のほか黒部、滑川などの海岸ぞいに残り、「越中志徴」や「三州奇談」にも書かれている。また氷見、能登方面の海岸線にも広がっている。

義経が越中を通ったという証拠はない。だが、京から奥州へ下るのに北陸を通ったことは十分考えられ、さらに越中人の「判官びいき」とあわせ多くの伝説ができあがったのだろうか。

宮崎党の末路

源平合戦から義経追討まで十年の戦乱が終わり、源頼朝の支配は強大になった。頼朝に対し御家人たちはその統制に服した。しかし正治元（一一九九）年、頼朝が死ぬと諸豪族はたがいに権勢と領地を争いはじめ、とくに頼朝の妻政子の実家・北条氏と他の豪族たちの間で流血の抗争があった。梶原景時、比企能員《ひきよしかず》、畠山重忠、和田義盛らの一族は北条氏と争い、次々と滅んだ。さらに北条氏は謀略によって二代将軍・頼家とその長子の一幡《いちまん》、三代将軍・実朝《さねとも》（頼家の弟）、頼家の遺児の公暁《くぎょう》をつぎつぎと殺した。一二一九年、頼朝の子孫は絶え、執権北条氏が幕府の実権を握った。これからあとの将軍は北条氏のかいらいになる。

一方、このころ朝廷では後鳥羽上皇が院政を行なっていたが、幕府の内争や地方での小ぜりあいなどをみて、倒幕のチャンスと考えた。承久三（一二二一）年五月、天皇親政を夢みる上皇はついに北条義時追討の院宣を諸国に発した。

これに対し怒った執権北条義時は東海道、東山道、北陸道から北条泰時らを総大将に十九万の兵を出して京を攻めた。これを承久の乱という。北陸道は北条朝時を大将に、結城朝広など四万の大軍だった。

朝時ら四万の大軍は五月三十日、越後国府を出発した。しかし、寒原（今の親不知付近）には宮崎定範が近郷の兵三百人をひきいて待ちうけていた。宮崎定範は、義仲に従って活躍した宮崎太郎の孫といわれ、京へ行き朝廷につかえていたという。ただ、どのようにして朝廷で任官したかははっきりしない。

寒原は当時、一方は岸高く人馬は通れず、一方は波荒く船も思うようにいかない所で、わずかに岸にそって一騎ずつ通れる細い道があるだけの難所。今も、国道8号や北陸本線はトンネルをくぐらねばならないところだ。「承久記」などによると、定範はここに逆茂木をおいて街道をしゃ断し、山の上に石弓をはり待機した。

だが、朝時を大将とする関東勢の大軍は、付近から牛を七、八十頭用意し、角に松《たい》明《まつ》をつけて放し、おどした。定範の軍兵は逃げ、関東の大軍はゆうゆうと通過したという。この火牛の戦法は倶利伽羅合戦の時、義仲が用いた策と同じ。だが、一説には火牛の法は用いず、風がやんで静かになった海ぞいを渡ったともいう。さらに関東の軍勢は宮崎城も落とし、越中平野を横切り、やがて砺波山越えと志雄山越えの二軍にわかれて進軍する。朝廷側についた武士は最後の防戦につとめる。宮崎定範や仁科盛遠らが砺波山を守り、糟屋有久らが志雄を守った。また越中の武士野尻・河上・石黒らや加賀の林・富樫・井上・津幡らの諸氏も加勢した。「土豪たちが反鎌倉についたのは、義仲滅亡以後、日の目をみないため名をあげるためにたちあがったもの」とみる郷土史家もいる。

宮崎定範が三百の寡兵で四万の大軍を待ち伏せした
親不知の天険（新潟方面より）

多勢に無勢、宮崎定範らの必死の奮闘もむなしく、戦いは関東勢の圧勝に終わった。宮崎定範は戦死し、石黒三郎ら土豪たちは降伏した。六月八日のことだった。

朝時らはその後、抵抗なく京へはいり、先に入京していた泰時らと合流した。六月二十日だった。上皇方は期待したほど兵が集まらず、ほとんど合戦らしいものもないうちに承久の乱は簡単に片づいた。

宮崎定範が戦死したあと、宮崎氏の行く末は不明だ。

再度挫折した石黒氏などは後世にも名がでてくるが、越中での宮崎氏の活動はとだえた。

承久の乱後、幕府の処置は厳しかった。後鳥羽上皇は隠岐、順徳上皇は佐渡、土御門上皇は土佐に流罪。京には六波羅探題を置き皇室を監視する。さらに皇位継承は幕府の同意を必要とすることにした。さらに院や貴族の所領の多くを没収し、新補地頭を置いた。この乱をきっかけに幕府は皇室、貴族の荘園にまで支配力をのばし、武士階級の天下を完全に実現したといえる。

なお、順徳上皇が佐渡へ流されるにあたり、魚津市近くまで従ってきた左近という者が、北条方の迫害を恐れ角川をさかのぼり、定住したという伝説もある。

御家人の目

鎌倉幕府は守護、地頭に御家人を配し全国支配をすすめた。

守護は国ごとにおかれ、むほん・殺害人の鎮圧と、地方武士に京都警固の義務を催促する権利と任務をもっていた。〝泣く子と地頭にはかてぬ〟といわれた地頭は公領・荘園の別なく管内の租税徴収、土地管理、盗賊などの取り締まりの権限を持った。守護、地頭がおかれたからといっても国司や荘園領主は残った。

しかし二重支配体制といっても軍事、警察、徴税、土地の管理という重要な権力を御家人（守護、地頭）が握ることによって幕府は実質的に全国支配を強めていく。

守護の職務を行なう所を守護所というが、越中における守護所は放生津にあったという。守護は二カ国以上を兼任する場合も多かったため、守護自身が赴任できない場合は守護代が実質的に役職を行使していたようだ。鎌倉時代における越中の守護、守護代あるいは地頭はだれだったかはっきりしないが、当時の越中武士を支配していた人の姿をみてみよう。

幕府が開かれた最初のころの北陸道の守護についたのは「吾妻鏡《あづまかがみ》」などによると、比企能員だったらしい。だが、比企氏は頼朝挙兵以来の功臣で幕府の元勲だったため越中赴任は考えられない。守護代はだれか不明だ。比企氏は頼朝死後、二代将軍頼家に重んじられたが、北条氏と争い滅びた。越中の地には比企氏を伝える史跡はほとんどない。

承久の乱後、越中守護になったのは乱のとき北陸道を西進した北条朝時《ともとき》だ。乱後、執権・北条氏は皇室、貴族の所領にも手をのばし武士支配体制を強めたが、朝時も幕府の要職につき、越中赴任はなかったといわれている。一族が鎌倉の名越に住んでいたため名越《なごえ》氏と称するようになった。朝時の子・時章《ときあきら》も越中守護に任じられ、はじめは越中に来たかもしれないが、のち鎌倉で中央政治に参画している。しかし、南北朝のはじまるころ名越時兼が越中で敗れ滅びるが、鎌倉時代の越中では名越氏の勢力が強かった。関係があるかどうかわからぬが、いま朝日町などに名越、名古屋を名乗る姓もある。

鎌倉時代最大の国際事件は蒙古襲来だ。当時、蒙古（元）は世界最大の国だ。二度の侵攻は台風などによりことなきをえたが、北陸の武士は敦賀の防備についたという。おそらく越中の地方武士もかり出され、海上警備についたと思われる。このころ、越中守護は越後守護をかねた二階堂行忠だったという。二階堂氏も幕府の重臣だが、これも越中へ来たかどうかわからない。

富山市郊外に蜷川という所がある。田んぼと林にかこまれる最勝寺がある。ここに蜷川親直《にながわちかなお》の墓が残っている。最勝寺に伝わる説では、蜷川氏は宮道《みやじ》氏といい、頼朝挙兵より従い、その功績によって越中の新川、砺波の二郡を与えられ、最初のころの地頭だったという。最勝寺は親直の子、親綱が建立した蜷川氏代々の菩提寺である。越中蜷川氏は戦国時代に神保氏に滅ぼされたあとも、全国にその姓と子孫を残している。

守護などは外来の武士である。古くからの石黒、野尻、井口氏ら越中土豪はまだ勢力を残していたが、土着の新興武士も出はじめた。

鎌倉方につき、地頭に補された院林氏もそうだ。院林氏は石黒氏の庶流ともいうが定かでない。院林氏は今の南砺市院林一帯に勢力をもっていた。また三州志などによると、義経の伝説を持つ水橋安芸守や稲川将監なども突如、郷土の歴史にでてくるが、その人物像はよくわからない。こうした新旧の土着武士、外来の武士がいりみだれて南北朝の抗争期に移る。

南北朝と桃井直常

動乱の南北朝

越中の土が再び戦乱にまきこまれたのは鎌倉幕府滅亡、南北朝対立の続く時期である。この六十年にわたる動乱期に越中の武将たちは複雑でさまざまな動きをみせて戦いにあけくれた。

二度にわたる蒙古（元）襲来の危機のあと、武士の多くは経済的に苦しんだ。恩賞を期待し自己負担で防衛にあたった地方武士に対し、分け与える土地をもたぬ北条政権は期待にこたえることができなかった。武士の間に不満が高まったが、執権・北条高時は執事に政治をまかせ、遊ぶことにうつつをぬかしていた。また新興の非御家人層の台頭も目立った。

一方、このころ天皇家も分裂していた。承久の乱後に即位した後嵯峨天皇の子に後

高岡市二塚にある恒性皇子の墓所

深草、亀山の両天皇がいた。後嵯峨上皇死後、両者の系統が対立した。後深草側を持明院《じみょういん》統、亀山側を大覚寺統といい、しばらく皇位、院政担当をめぐり抗争したが、決着がつかず、幕府の仲介で交互に天皇を出すことに決めた。ところが、この問題は大覚寺統の後醍醐天皇のとき再燃した。幕府が保証する両統交代の順に従えば後醍醐天皇の子は即位できない。〝天皇親政〟を夢みる天皇は倒幕の意思を強めた。正中の変（一三二四年）では事前に発覚し、失敗に終わったが、皇太子の邦良《くによし》親王が死に、幕府は天皇の意思を無視して持明院統の量仁《かずひと》親王を皇太子につけたことで、天皇の倒幕決意は高まった。

元弘元（一三三一）年、倒幕の謀議が再びねられたが発覚し、幕府の出先機関である六波羅探題は天皇逮捕にふみきる。しかし天皇は笠置山にのがれ倒幕の兵をつのった。同年八月のこと。だが幕府は笠置山も攻めた。「太平記」によると、松倉城を築いたといわれる椎名孫八入道も幕府方の侍大将として参戦している。九月、天皇は笠置山から逃げ楠木正成《くすのきまさしげ》をたよる途中、捕えられた。

幕府の処罰はきびしかった。翌元弘二年三月、後醍醐天皇を隠岐島へ流し、天皇に持明院統の量仁親王を即位させ、光厳《こうごん》天皇とした。

後醍醐天皇の多くの皇子も捕えられ、諸国に配流された。越中に流された大覚寺門跡の恒性皇子《こうしょうおうじ》もそのひとりだ。越中宮とも称される皇子は亀山院の皇女を母とするが、正確な人間像は不明だ。

元弘二年三月八日、恒性皇子は日野直道につれられ都を出発し越中に向かった。このときの越中守護は北条氏一門の名越時有だった。時有は皇子を二塚（高岡市）に幽囚した。そのころの二塚は北陸道の要路にあたり、名越氏も別館をおいていたらしい。

現在、二塚地内に浄誓寺という浄土真宗の寺があるが、かつて同寺の関係者から「称名寺といって天台宗の寺だったところ、皇子はよく訪れ法話や写経に日を送ったと伝わっている」という話を聞いた。皇子は敵の中で一年二カ月をさびしく過ごさねばならなかったようだ。

恒性皇子が二塚に幽囚されていたころ情勢は変わった。護良《もりよし》親王、楠木正成が兵をあげた。中国地方などの武士も北条氏に反旗をひるがえし、天皇も隠岐島を脱出した。足利高氏《たかうじ》（のち尊氏）も北条氏に見切りをつけ、ついに六波羅探題は攻め落とされた。悪化する情勢に北条高時は名越時有に恒性皇子の殺害を命じた。幕命を受けた時有は甥《おい》（従兄ともいう）の貞持に二塚で皇子を殺害させた。皇子に従ってきた家来も殺された。北条氏滅亡の直前の元弘三年五月十日のことだった。

高岡市二塚にうっそうとした木立が石垣にかこまれている。そこに皇子の墓がある。長い間、太子墓として残っていたものを明治末に宮内省が正式に墓所にしたという。今も宮内庁が管理している。

墓所の近くにある皇子ゆかりの浄誓寺《じょうせいじ》から約三百メートル離れたところに悪皇子宮というのがある。「高岡市史」はここに皇子が幽囚された館があったと伝えている。

放生津の哀歌

恒性皇子を殺害した名越氏は北条氏の一門である。朝時《ともとき》、時章《ときあきら》と名越氏は代々、越中の守護となり、放生津に城をかまえ越中の地をその勢力下におき、地方武士を支配した。恒性皇子を殺害させた時有は、朝時から五代目にあたり、越中に赴任し実力で越中武士をおさえていた。

幕命で皇子を殺した名越氏もついに滅びる時がきた。皇子殺害後、わずかに一週間後の五月十七日のことだった。天下の情勢はすでに北条氏滅亡の色が濃くなっていた。諸国の武士の多くは倒幕に立ち上がっていた。越後、出羽の兵勢も北陸道を経て京へ攻め上がろうとしていた。

名越氏一族の滅亡のもようを「太平記巻十一」は哀切をこめて描いている。「太平記」

の史実性や誇張についてはとやかくいわれるが、ここで「太平記」に従ってその滅びるエピソードをみてみよう。

越中守護の名越時有とその弟の有公、甥の貞持の三人は、出羽・越後の兵勢をくいとめようと、越中や能登の武士を集め二塚に陣を敷いた。ところが、そこへ〝幕府の京都出先機関である六波羅探題がすでに攻め落とされ、鎌倉にも兵が向けられている〟などというニュースが兵士の間に伝わった。集まった兵は放生津へ引きさがり、逆に守護方の陣へ押し寄せる気配を見せた。これをみて名越氏の郎従もつぎつぎと陣から消え敵軍の中に加わりはじめた。また親交を結んでいた友人も変心、名越氏を攻めようとするにいたる。兵は次々と陣を離れ、親族や重恩をうけた譜代の武士などわずかに七十九人だけしか残らなかった。

五月十七日昼、敵軍は一万騎にふくれあがり押し寄せてくることが伝わった。命運尽きたとみた一族は「この小勢で合戦してもどれだけのことができよう。なまじっか戦いをしてふがいなく敵の手におち、とらわれの身になれば、のちのちまであざけられるだろう」と考え、敵が押し寄せる前に女、子どもを舟に乗せて沖へ沈め、武士は城内で自害することを決めた。

かわいそうなのは女、子どもである。時有の妻は連れ添ってすでに二十一年になるが、九つと七つになる二人の男の子がいた。有公の妻は結婚して三年目、数カ月の身重だ。一方、貞持の妻はわずか四、五日前、京からやってきたばかりの身分の高い女性だ。容顔美しく、貞持が三年間思い続け、さまざまの手段をつくして妻に迎えたばかりだった。運命とあきらめながらも嘆きはひと通りでなく、たがいになごりを惜しみながら泣きあった。

そうこうしているうちに敵の先陣が砂けむりをあげて、東西から近づいた。それを見て、女や子どもは泣きながら舟に乗り、はるか沖へ出て行った。ほどよく岸から離れたところで船頭は櫓《ろ》で水を押しやり、舟を波間に止めた。時有の妻は二人の子を両脇にかかえ、有公の妻と貞持の妻は手をとりあい、ともに名子（奈呉《なご》）の海に身を沈め武士たち七十九人は放生津城に火を放ち自刃した。

「紅の衣あかき袴《はかま》のしばらく波に漂ひしは、吉野・立田の河水に、落花紅葉の、散乱たる如くに見えけるが、寄せくる浪《なみ》に紛れて次第に沈むをみはてて後、城に残り留《とどまり》たる人々、上下七十九人、同時に腹を掻《か》き切って、兵火の底にぞ焼け死にける」（太平記）。

名越一族は絶えた。いつのころからかこの奈呉の浦に一族の亡霊が現われ、船人たちを驚かしたと伝えられる。

放生津城の跡は現在の射水市立放生津小学校だという。いまは鎌倉時代、越中を支配した守護・名

名越一族の女、子どもが波間に身を沈めた奈呉の浦を示す碑は放生津八幡宮（下）の敷地内にある

越氏を伝えるものはほとんど残っていない。名越氏が滅びた日より五日後、北条高時ら一族は幕府の館に火を放ち自刃した。五月二十二日のことだ。鎌倉幕府が滅びると、後醍醐天皇は直ちに京都へはいり、北条氏が立てた光厳天皇をやめさせ、念願の〝天皇親政〟をはじめた。

北条残党の滅亡

政治の実権を握った後醍醐天皇は機構を手直しし、翌年(一三三四年)には建武と年号を改め、天皇中心の理想政治を行なおうとした。だが、天皇の手がけたものは大内裏の造営と諸国への増税などだった。さらに戦後の恩賞も、公家や社寺に厚く武士には薄かった。足利尊氏、新田義貞、楠木正成らこそ領地を受けたが、恩賞を期待し実際に立ち上がった多くの武士は何らうるものはなかった。武士の時代に逆行し公家を重んじる天皇の「建武の新政」に多くの武士は早くも見切りをつけはじめた。足利尊氏、直義《ただよし》兄弟を中心に反天皇のムードが流れはじめ、新政権は最初から暗雲につつまれていた。

一方、北条氏の残党も動きはじめた。こうしたときの建武二（一三三五）年六月、西園寺大納言公宗《さいおんじだいなごんきんむね》が後醍醐天皇の暗殺陰謀の疑いで逮捕された。西園寺家は承久の乱後、北条氏と密接に結び公家の間で権勢をほこっていた。新政権後、主流をはずれた公宗は北条高時の遺弟、時興《ときおき》をかくまい、諸国に隠れる北条氏の一族、遺臣と連絡をとり反天皇の行動をおこそうとしたというのだ。

しかし、公宗が逮捕されたあと七月にはいって具体的な行動があらわれた。高時の遺子、時行が信濃で諏訪頼重らを従えて挙兵、鎌倉に迫った。このとき鎌倉には尊氏の弟、直義が天皇の皇子・成良《なりなが》親王とともにいたが防ぎきれず、鎌倉は二年ぶりに北条氏の手に落ちた。しかし、八月にはいって足利尊氏がみずから征東将軍と名乗って京を出発、途中で直義と合流し、十八日には時行軍を相模川に破り、鎌倉にはいった。これを「中先代の乱」という。

時行の挙兵に呼応して越中からたちあがったのが、放生津で自害した名越時有の遺子、時兼《ときかね》だ。名越氏が滅んだあと時兼は越中に潜伏していたというが、他国にのがれこのとき越中に戻ったという説もありはっきりしない。

時兼は井口城に拠り、越中、能登、加賀の武士によびかけた。野尻玄蕃允《げんばのじょう》高知《たかとも》をはじめ井口、長沢らの越中勢がはせ参じた。温井、覚田、長らの能登勢や加賀の行間、倉光らの武将たちも集まり六千の兵勢になった。時兼は魚津城にいた椎名孫八を攻めたとも伝わる。そのとき、越後に勢威をもっていた新田義貞の支配下にあった大井田、早川、姫川勢が四千の兵で時兼追討に向かったが、越中勢を主力とする時兼の軍勢は親不知付近で逆襲、越後勢を大きく打ち破った。この大勝利によって時兼につく武士はさらにふえ、時兼は北条時行が鎌倉をおとしいれたように京都へ攻め上ろうとした。「太平記」によると、勢いに乗じた時兼の軍勢は約三万。加賀の国で手向かう兵を一蹴しながら進んだ。

敗報に驚いた朝廷は、桃井《もものい》直常《ただつね》に北陸征伐を命じた。朝廷の軍議では最初、新田義貞に命じたが辞退され、楠木正成にも断わられたため直常にきまったものだ。

正成の下向を期待し、直常に応じない越前の武士たちに対し、直常は正成も来ると偽って服従させ、加賀、越前の国境近い大聖寺へ向かった。時兼勢と直常の朝廷方は大聖寺を中心に小ぜりあいをくり返した。しかし、時兼の陣では越前や加賀の武士の中から裏切る者がでた。前と後ろから猛攻をくわえられた時兼勢はくずれた。時兼も矢を放たれ、大聖寺川に追いやられた。〝もはやこれまで〟と観念した時兼は自刃した。八月のことだった。時兼が守っていた大聖寺城は加賀市の中心にある錦城山《きんじょうざん》(六十メートル)付近ではないかという。いまはこの戦いを伝えるものはない。

「時行はすでに関東にして滅び、時兼はまた北国にて討たれし後は、末々の平氏(北条氏は平家である)ども、少々身を隠し貌《かお》を替えて、この山の奥、彼の浦の辺にありといえども、今は平家の立ち直ることありがたし」と「太平記」が書いているようにこのときにも多くの落武者が姿をかくした。

ところで、北条氏の残党を滅ぼした朝廷は安心することができない情勢になっていた。鎌倉にはいった尊氏はしだいに反後醍醐天皇を鮮明にしはじめ、鎌倉から動かなかった。

石動山の戦い

足利尊氏は帰京の命に応じないばかりか、逆に諸国武士とひそかに連絡をとり、新田義貞追討の奏状を出し反逆の姿勢をみせた。新田氏、足利氏はともに源義家の流れだが、ついにぶつかることになった。建武二（一三三五）年十一月十九日、朝廷は尊氏追討のため尊良《たかなが》親王に新田義貞をつけ東海道を進ませ、東山道からも兵を東下させた。また、奥州にいた北畠顕家らに西進させ、はさみ打ち作戦に出た。

一方、尊氏・直義の兄弟は足利一族や諸国の武士に蜂起をよびかけた。新政権に失望していた地方武士は応じた。さらに尊氏・直義軍は十二月十一日、箱根・竹ノ下で親王や義貞を破り、初戦を飾った。尊良親王、義貞は京へ帰ったが、尊氏らは成良親王を奉じ追撃に移った。後醍醐天皇の子が両方にかつがれているのも南北朝の抗争期らしい。

越中での戦いや越中武士の動きは中央の動きと無関係ではなかった。
当時、越中国司は中院少将定清《なかのいんしょうしょうさだきよ》で、守護は普門蔵人利清《ふもんくらんどとしきよ》だった。中院氏は父子とも後醍醐天皇によく従ったという。

普門利清のそれまでの経歴はわからないが、足利尊氏の蜂起にこたえ、井口、野尻、長沢（仲沢氏ともあり、はっきりしない）などの越中武士や能登勢を集め、国司中院定清を攻めた。十一月二十七日だという。このとき、利清に応じた武士の多くの中に野尻玄蕃允高知など名越時兼に従った武士の名が見られるのは興味深い。自己の領地維持や拡大のためだったのだろうか。

兵数の少ない中院勢はたちまち敗れ、能越国境の石動山《せきどうさん》にたてこもり、天平寺の僧兵を味方につけ防戦につとめた。天平寺（石川県中能登町）は石動山上の三百以上の寺院、伽藍《がらん》の総称で神仏混合思想の寺だった。北陸随一の霊場で当時の大寺と同様に寺領荘園への侵入を防ぐため多くの僧兵がおり、最盛期に約三千人の衆徒がいたという。

北陸随一の寺院だった石動山天平寺。平成十四年度に大宮坊が復元整備された

十二月十二日、普門利清のひきいる軍勢は石動山をめざし押し寄せた。中院の兵も天平寺衆徒も必死に戦った。だが、戦いになれた武士は次々と山を登る。うんかのような軍勢に中院勢は敗れた。定清自身も奮戦したが討ち死し、威容をほこった天平寺の堂塔や伽藍もことごとく兵火にかかり炎上した。おそらく山上は真っ赤に染まったことだろう。勝利した軍勢が京をめざそうとしていると石動山から朝廷に報告が出された。

天平寺はこのあと戦国時代末期まで再建、兵火のくり返しだった。明治の初め、廃仏毀釈により天平寺自身が取り壊し、当時の壮大さを伝えるものは少ないが、平成二（一九九〇）年から発掘調査が始まり平成十四年度にそのうちの大宮坊が復元整備されている。

諸国は再び戦いの場となった。義貞を追いかけた尊氏は建武三（一三三六）年正月十一日、激戦の末京都にはいった。後醍醐天皇は比叡山にのがれ、坂本に行在所《あんざいしょ》を置いた。皇子の宗良《むねなが》親王が、尊澄法親王《そんちょうほうしんのう》として比叡山にいたためだろう。

しかし、尊氏のあとへ奥州から進んできた北畠顕家らがすでに追いかけてきていた。一月三十日尊氏の軍勢は奥州軍の猛攻に敗れ、九州へ向かわねばならなかった。九州へ向かう途中、尊氏は持明院統の光厳上皇から院宣をうけた。これによって〝朝敵〟という汚名を除かれた尊氏は、九州へ向かった。九州の武将の多くは尊氏についた。おそらく北陸などと同じく九州の辺地の無名武士ほど新政に失望していたのだろう。尊氏の勢力は強大になった。

怒濤の足利軍

九州へ走った足利尊氏に多くの地方武士がなびいた。勢力を盛り返した足利軍は延元元（一三三六）年三月、宮方の菊池氏を破り、その勢いで再び京都をめざした。進軍するにつれ、足利軍はふくれあがり五十万になったという。尊氏は水路、直義は陸路をとった。

あわてた朝廷は、新田義貞や、楠木正成に防戦を命じた。五月二十五日、湊川の戦いで少ない兵の正成勢は奮闘むなしく、足利氏の大軍の前に敗れ、戦術家・正成の命は消えた。

足利軍のなかに越中武士も参加していた。院林六郎左衛門了法《りょうほう》は、今川頼貞に従い、丹波（京都府）夜久野の戦いなどで勲功があったという。

尊氏・直義の大軍は怒濤《どとう》のように京都に突入した。五月二十七日だ。後醍醐天皇は再び比叡山へ逃げた。このあと足利軍と朝廷方は半年にわたり、京都を中心に戦い続けた。院林了法の子、光利が近江・無動寺で戦死したのもこのころである。院林氏は院林・太海《ふとみ》郷（南砺市付近）の地頭職を確保するため、必死に働いたのだろう。

尊氏は八月にはいり、持明院統の豊仁《とよひと》親王を即位させ、光明天皇とした。さらに十月、後醍醐天皇に和睦の使者を出した。後醍醐天皇はこれに応じ京へ戻る一方、新田義貞のため恒良《つねなが》親王に位を譲り、義貞の北陸落ちに同行させた。だが、北陸の新田、奥州の北畠などががんばっているのを見て、情勢好転の気ざしを感じた天皇は吉野山へ走り、吉野朝廷を開く。この吉野朝を南朝、京都の光明天皇側を北朝といい、このあと南北両朝の抗争が続き、これを中心に武士間の争乱はたえない。

京を追われた義貞は恒良親王、尊良親王らとともに越前・金ケ崎城（福井県敦賀市）にこもり勢力を盛り返そうとした。これに対し足利方の越前守護、斯波《しば》高経らが攻めたが失敗した。しかし延元二年三月、応援にきた高師泰《こうのもろやす》らの軍勢は猛攻を加え、金ケ崎城をおとした。「太平記」は落城時、食糧にこまった城兵が馬を殺し、あるい戦死者を切って食べるという状態を伝えている。義貞は直前に城を脱出したが、その子・

義顕と尊良親王は自殺、恒良親王は逮捕されたのちに殺された。

一方、奥州にいた北畠顕家は西進した。延元三年にはいり転戦の末、のちに越中に勢力をもつ桃井直常・直信らの勢に敗れ、五月には高師直《こうのもろなお》らにも破られ、和泉国（大阪府）で戦死した。

顕家が奮戦しているとき、越前・杣山《そまやま》城に逃げた新田義貞は再起し、足利氏に宿命の決戦をいどんだ。義貞には諸国の武将も加わった。このとき、義貞が守護だった越後の兵士も越前へ向かった。越後勢は大井田氏経、中条入道、鳥山家成など二万の兵だ。七月三日越後国府を出発した。

これに対し、越中では中院定清を破った普門利清が、六千の兵で黒部川のほとりで陣をはっていたと「理尽抄」はいう。このころの黒部川は四十八カ瀬ともよばれていた。越後勢は数日の間むなしく日を送ったが、普門勢の中から越後に呼応する者がではじめ自分の城へ帰ってしまった。普門の軍勢は半数以下に減ったため、七月十三日、越後軍勢は黒部川を渡って攻撃を加えた。普門の兵は多く討ち取られ、利清はついに松倉城に逃げこまねばならなかった。越後の兵は加賀でも足利方を破った。黒部川での合戦は確証にとぼしいが、すくなくとも普門利清ら越中の北朝側が抵抗したことはまちがいないだろう。

だが、義貞の命運はつきた。閏《うるう》七月、義貞は藤島の合戦で討ち死にした。足利、新田の長い戦いは終わった。

北陸、東国の南朝軍の抵抗をつぶし、足利尊氏は八月十一日、征夷大将軍になった。一方、次々と味方の武将を失った後醍醐天皇は、皇子たちにあとをたくし永眠した。延元四年八月のことだった。〝武士の世〟の時代と歴史に逆行した新政権を持った天皇が死んでも、新しい様相で争乱は続く。

宗良親王の周辺

後醍醐天皇の死のあと、南朝方は北畠親房《ちかふさ》や楠木正成の遺子・正行らが頼みだった。そのころ何人かの皇子たちは、九州や関東にいて兵を募り、勢力の回復をはかろうとした。宗良《むねよし》親王もそのひとりだ。親王は信濃、越後を回り、興国三（一三四二）年春、越中にはいり南朝側の拡大のため各武士を味方につけようとした。

宗良親王がはいる前の越中の情勢はどうだったか――。国司中院《なかのいん》定清が破られ、新田義貞への援軍に対しても対抗するなど大勢は足利氏に有利だった。しかし、南朝方の越中武士がいなかったわけでなく、木舟城主・石黒光吉ら石黒一族は新田氏と結んでいたらしい。また、越前で敗れた義貞軍の残党が美濃・飛騨から五箇山にはいり再挙の機会をねらっていた。庄川流域に南朝につく武士の勢力があったようだ。

宗良親王は越後・寺泊から奈呉の浦（射水市）の舟付に着いた。石川義昌、大西弥平次らが従っていた。明光宮（亀山天皇の孫）や中院定平（定清の父）らもついていたという。親王を迎えたのは石黒重之をはじめ、姫野氏など南朝に心を寄せる土豪たちだ。親王は上陸後、石黒重之の館に滞在した。重之は石黒氏の支族で高木城主だったという。親王の越中滞在は二年ぐらいだったが、その間の行動は伝わらない。わびしい北国の仮住いに「いたづらに行《いき》てはかへる雁はあれど都の人のことづてもなし」

などの和歌を作ったりして日々を過ごしていたようだ。親王は興国五（一三四四）年春、信濃へ去った。このあと親王は東海道を転々と旅し、正平七（一三五二）年二月、南朝方の征夷大将軍になるなど激動の中に生きたが、その名は「新葉集」の編者としての方がむしろ有名だ。

越中には宗良親王を伝える地は多い。高岡市、射水市を中心に、立山連峰を眺めて歌をよんだという場所や、ゆかりの寺がある。また、一説には奈呉の浦につく前に氷見小境海岸につき、剃髪《ていはつ》したともいわれ、小境の大栄寺の由来記には「当寺へ来輿《らいよ》あらせられ、剃髪を受け越中の宮と称せられた」とある。同寺の近くに親王の髪を埋めたという髪塚や歌碑もたっている。

宗良親王が越中を離れたあと越中の情勢に変化があらわれた。

興国五年、井上俊清が南朝方として活動しはじめた。俊清の経歴は不明だが、国司中院定清を滅ぼした普門利清と同一人物だとする説が強い。ただ同一だとしてもなぜ名前を変えたのか、勢力の弱い南朝方についたかなどは不明だ。宗良親王の影響だと

名勝小境海岸のうっそうと茂る朝日社叢の中にある
宗良親王の歌碑

か、尊氏と不和になったとか推測されているがはっきりしない。俊清が反幕府的な動きをみせたころ、越中守護は桃井直常に命じられている。

俊清が兵をあげたのに対し、尊氏は同年十月二十五日、能登守護吉見頼隆に俊清討伐《とうばつ》を命じ、俊清が地頭であった越後国大面荘《おおものしょう》を取り上げた。興国六年三月、吉見軍は能登を出発し俊清勢に向かい、転戦しながら新川地方まで進んだ。七月十一日、両軍は滑川、高月（滑川市）で激突、はげしい肉薄戦を展開した。翌正平元（一一四六）年三月六日、反撃に出た俊清は新田一族の新田貞員や粟津政景、富来俊行《とぎとしゆき》らとともに能登に侵入し、羽咋《はくい》の木尾岳《きおだけ》に陣をはり吉見氏の本拠をついたが、吉見軍は逆襲した。両軍の対陣は二カ月近くにおよんだが、五月四日、木尾獄の陣は落ちた。

木尾獄から逃げ帰った俊清は松倉城（魚津市鹿熊）にこもった。吉見軍はこれを追いかけ二カ月にわたる攻撃を加えたため、俊清はついに投降した。新田貞員も捕えられ斬殺《ざんさつ》された。このころ、楠木正行の行動が活発になり、正平二年八月に紀伊、河内で兵をあげ、翌年正月、討ち死にするまで活発に動いた。これに影響されたかどうかわからぬが、十一月にはいると俊清は再び松倉城で兵をあげた。足利氏は越中守護・桃井直常《もものいただつね》に命じこれを討たせた。

このあとも俊清はしつように戦いをいどみ、桃井あるいは吉見に敗れ、越後へ逃げたりする。越中土着の武士の動向は不明だが、これからしばらく越中の地は桃井直常の本拠となる。

桃井兄弟の奮戦

桃井播磨守直常が越中守護になったのは興国五（一三四四）年。井上俊清が南朝方として越中で戦っていたころだ。

桃井氏は足利一門である。足利義康（源義家の孫）の流れで義康の孫の義胤《よしたね》が上野《こうずけの》国桃井郷《くにもものいごう》（群馬県）に住んだため桃井氏を名乗った。

桃井直常はつねに足利尊氏、直義ら宗家・足利氏と行動をともにしていた。右馬《うまの》権頭《ごんのかみ》、刑部大輔《ぎょうぶだいゆう》、弾正大弼《だんじょうだいひつ》、駿河守、播磨守という官名を称した直常は、弟直信とともに足利方の武将の中でもひときわ武勇の声が高かった。建武二（一三三五）年の中先代の乱のとき、兵をあげた名越時兼を大聖寺で破り、尊氏・直義が鎌倉で兵をあげるとこれに従った。延元二（一三三七）年奥州から攻め上がった南朝方の北畠顕家に鎌倉で敗れ、一時は退却したものの翌延元三年に大和般若坂で雪辱をとげた。直常・直信兄弟はさらに多くの戦功をあげ、活躍している。般若坂の戦いのとき「太平記」

は直常らの武士としての行動や考え方をうかがわせるエピソードを描いているので、それを簡単にみてみよう。

奥州から転戦してきた北畠顕家の軍勢が奈良から京都へ攻めのぼろうとした。延元三（一三三八）年のことだ。顕家軍の動きを察した足利軍は討っ手をだれにするかの軍議を開いた。進んで申し出る者もおらず、人選は難航した。そのとき、尊氏の執事で力をのばしていた高師直が「この大敵を破るのは桃井兄弟（直常・直信）にまさる者はいない。桃井兄弟ならたやすく追い落とすことができる」といった。直常らの武勇が高まりつつあったのですぐきまった。師直から話を聞いた桃井兄弟は「辞退する者がいる中で、自分が選ばれたとはうれしい」と名誉をありがたがりその日すぐ奈良に向かった。奈良市般若坂で待つ顕家軍は長い旅のためか疲れもみえ、直常軍はこれをたやすくけちらすことができた。兄弟は意気揚々として帰ったが、兄弟の戦功に対する恩賞はなく桃井直常らは不満をのべることも多かった。こうしているうちに北畠勢は再び兵を集め、勢いをととのえた。これに対し高師直は大軍をひきいて対陣したが、一時苦戦に陥った。桃井兄弟はさきの恩賞がなかったことを快く思わず参戦しなかったが、苦戦の報に「多くの武士が参戦しているのにどうして見すごしにできようか。戦争は公のことだ」として、都を出て戦いに加わったという。このあと師直軍は顕家を和泉・境浦で戦死させたが、直常らが戦いについての考え方や自分の武勇を誇っていたことがうかがえて興味深い。

桃井直常が越中守護になっても井上俊清はときどきそむいた。俊清は、能登の吉見軍と衝突をくり返していたが、桃井軍とも戦火をまじえた。桃井直常は俊清軍と小ぜりあいのかたわら、院林・太海両郷の地頭職を足利氏に功績のあった院林了法に交付したり、あるいは停止させたりして少しずつ越中の地に勢力を持ちはじめていった。

直常一族にとって重大な転機がやってきた。そのころ、副将軍・足利直義（尊氏の弟）と尊氏の執事で権力をのばしはじめた高師直の仲が険悪になった。足利政権の政務は直義の手で行なわれてきたが、直義の力が大きくなればなるほど政務に野心を持つ師直との対立が目立ちはじめた。漸進主義の直義に対し師直は変革に急進的であった。さらに足利一門の上杉、畠山などが師直の権勢に反感をもったことも対立激化の因になった。直義と師直の対立は武士の間に利害関係を通して二党派が形成された。直義方は上杉、畠山、桃井など足利一門が中心であり、師直方は急進的な畿内などの新興武士を中心に勢力を持った。桃井直常は師直が戦功を無視したため直義方へ投じたともいう。正平四（一三四九）年七月、直義は師直の朝廷出仕をとめたが、八月になり師直は直義がのがれた尊氏の邸をかこんだ。尊氏は師直の要求をのみ、直義の代わりに義詮《よしあきら》（尊氏の子）をたて、師直を執事にとどめた。それでも師直は長門探題の足利直冬《ただふゆ》（尊氏の庶子で直義の養子）を襲い、直義の引退をせまった。足利氏の内争はさらに拡大した。直義方についた桃井直常も抗争にまきこまれ、越中の地も戦火がさらにくりかえされることになる。

都を占領

足利直義と高師直の争いは諸国武士を二分する争いにまで発展した。

九州・肥後国へ逃げた長門探題の足利直冬は九州や中国地方の武士を味方につけはじめた。直冬は尊氏の実子だが、日かげの子として育ち直義の養子になっていた。実父といえど冷遇する尊氏に反感を抱きはじめていたのだろう。反抗のきざしをみせた直冬に対し、尊氏は正平五（観応元・一三五〇）年六月、高師泰を討伐につかわしたが、情勢は直冬に有利だった。十月にはいり、尊氏は嫡子・義詮に京都をまかせ、みずから西国へ向かった。ところが直冬に続いて直義方の武将たちが諸国で立ちあがり、尊氏派と直義派にわかれて激突した。さらに十一月、直義は南朝方に和平を申し入れ、桃井直常、畠山国清、石塔頼房《いしどうよりふさ》らも直義に従い南朝方とくんだ。

直義方の武士の重鎮で剛勇をうたわれた桃井直常は、そのころすでに越中におり、土着の武士のなかに力を浸透させつつあった。

直義に従う直常は越中で兵をおこした。正平五（一三五〇）年十月二十三日、まず能登で尊氏方につく吉見軍が占領していた氷見湊を攻めた。今の氷見から感じられないが、そのころの氷見湊は要害の地だった。直常軍はたちまち吉見軍を能登に追い帰した。さらにはその勢いで能登・志雄の得江石王丸の所領地に攻め寄せようとした。能越国境の小ぜりあいを続けている間に、能登の井上布袋丸や富来彦十郎などの武士も桃井軍に加わり、鹿島郡などで激しい攻防戦を展開した。尊氏は直常挙兵に対し直常と同族の桃井義綱を京都から差し向けた。同族間で敵、味方になるのは多かったが、桃井氏もその例にもれなかった。義詮はまた、院林了法にも直常討伐を命じている。だが、直常軍はたじろかず、直常の弟・直信は十一月十九日に数千の兵勢をひきいて能登にはいった。直信らは志雄山を猛攻し、能登・金丸城まで攻め、能越国境は戦火で染まった。

直常が味方する足利直義はひとまず南朝方と和を結び、尊氏が直冬討伐のため不在なのにつけこんで畿内の石塔頼房、四国の細川顕氏《あきうじ》、越中の桃井直常らと呼応して京都占領をもくろんだ。

直義が京都近くに陣をはったころ、桃井直常は直義と連絡を保ちながら、正平六（一三五一）年正月、勇ましい越中の兵勢をひきいてまっしぐらに京都を目ざした。

直常は能登、加賀、越前の兵勢をあわせて昼、夜をとわず休むことなく攻め上がったのだ。真冬のことだ。雪はものすごく馬の足もたたないほどだった。しかし兵を馬からおろし道をふませながらすすみ、どうにか比叡山の東、坂本についた。「太平記巻二十九」はこのもようを「折節、雪おびただしく降って、馬の足も立たざりければ兵を皆馬よりおろし、かんじきをかけさせ、三万余人を前に立て道をふませて過ぎたるに、山の雪氷って鏡のごとくなれば、中々馬の蹄《ひづめ》を労せずして七里半の山中をば、馬人たやすく越えはてて、比叡山の東、坂本にぞ着きにける」と書いている。

一方、義詮の軍はだんだん減っていき、直義方につく者がふえた。桃井の兵勢、直義らの大軍を見た義詮は「勝つことはむずかしい。ひとまず京からのがれよう」と決意、正月十七日朝早く、西国へ向けて落ちた。桃井直常は意気揚々とその日の昼ごろなんの抵抗もなく京にはいり、直義方の重鎮として都を占領した。「太平記」は桃井軍がすぐ入京したことについて京の人々に賛否両論があったことを伝えている。

急を聞いた尊氏は義詮と落ち合って京攻撃をかけた。四条河原の激戦で一時は直常軍を囲んで優勢だったが、ついに直義方に敗れ、丹波を経て播磨（兵庫県）へのがれた。だが兵庫でも畠山国清、石塔頼房らに敗れた。

尊氏はやむをえず師直らを出家させるなどの条件で和解を申し入れた。和解は成立したが、高師直、師泰は殺害され、足利氏の内紛による争乱の第一ラウンドは直義方の勝利に終わった。桃井直常も得意絶頂だったろうが、武士間の争いはすべて終わったわけではなかった。

直常の抵抗

将軍・尊氏と弟の直義は和解したあと、正平六（一三五一）年一月二十七日、八日に相次いで、桃井直常らが占領する京都にはいった。とくに直義は石塔以下の武将を従えての凱旋。執政には直義と、尊氏の子・義詮が共同であたることになったが、人事は勝った直義側に有利なのは当然だった。武勇は高いが政務経験のない桃井直常も勲功が認められ、引付頭人《ひきつけとうにん》（所領裁判所の長官で五人いる）のひとりにばってきされた。

直義は南北朝合体をとなえたが、南朝がのめる条件ではなく同年五月、南朝と直義は決裂した。しかし少なくとも数カ月の間は直義と彼に従った直常にとってうれしい日々であった。

だが、尊氏と直義の再度の手切れは意外に早かった。両者に従う武士の間は高師直が殺されても氷解しなかった。

七月にはいり、危機を知った直義は政務を辞したが、事態はおさまらず尊氏、義詮らは京の直義を狭撃するかまえをみせた。

反尊氏の急先鋒だった桃井直常は石塔頼房とともに直義に対し「都にいては危ない。味方の多い北国へ下り兵を集めるべきだ」とすすめた。直義は直常らとともに八月一日、越前、金ケ崎城に向かった。だが北国では直義に従う武士はふえ、京都にいる尊氏の幕府を圧する勢いをみせた。天下は尊氏、直義、そして南朝に三分された。

八月六日、尊氏は直義に和議を申し入れたが、その条件は反幕の最右翼である桃井直常と手を切って帰京せよというものだった。越中兵をひきいる直常はつねに直義とともに戦い、かたいきずなでむすばれ直義がもっとも頼りにする武将であった。直義は悩んだ。だが直義は和議をけった。直常はそれに呼応して、越中勢を尊氏側の吉見氏頼がいた能登鹿島郡三引《みびき》（今の石川県七尾市）赤蔵寺に進攻させている。

九月にはいり尊氏側と直義側は近江で戦ったが、優勢を伝えられた直義側がもろくも敗北。再び和議交渉にはいった。直義につく武将で和議をのむことに賛否両論あった。畠山国清らは和議を認めようとしたが、桃井直常は徹底抗戦をとなえ和議に反対、直常を重んじる直義はそれを聞き入れた。畠山らは直義のもとを去った。

尊氏はこれに対し、南朝と和睦を結び正平の一統がなり、直義はのがれ、北陸道を通って鎌倉にはいった。尊氏はこれをうつため鎌倉に向かって、翌正平七（一三五二）年二月、直義をついに毒殺した。

一方、南朝方は尊氏が鎌倉へ向かっている間に、北畠親房らが突然、京へはいり義詮を追い出した。和議は破れた。しかし陣営をたてなおした義詮は一カ月後に再び京都を奪還した。めまぐるしい動きであり、まさに南北朝争乱期らしい激動だった。直義の死で足利氏の内紛の第二ラウンドは尊氏・義詮の勝利に終わった。

終始直義に従った直常は直義の死後も尊氏に対する抵抗はやめなかった。正平七年六月六日、尊氏の命をうけた吉見氏頼の軍勢は能越国境をこえて氷見へ侵入してきた。吉見の軍勢は攻勢に出て、桃井軍の出城のいくつかを次々に攻めよせた。六月十四日、桃井軍は直信《ただのぶ》以下の兵が氷見湊にあつまり逆襲をかけ、火を放ったが、吉見軍も必死に防戦。さらに七月、八月にも交戦状態が続き、にらみあいがつづいた。

一方、尊氏を心よく思わぬ九州の直冬は九州で勢力をのばしながら南朝方についた。ともに反尊氏の利害で結ばれたものである。直常は伊勢の石塔、越前の斯波《しば》らとともに直冬を盟主として、再度、南朝方と連合戦線を結ぶことになった。これからしばらく天下の情勢は南朝・直冬対尊氏・義詮の第三ラウンドの攻防が諸国で展開された。

南北の死闘

南朝と手を結んだ足利直冬らの動きは、正平八（一三五三）年の二、三月ごろから活発になった。楠木正儀《まさのり》（正成《まさしげ》の子）、石塔頼房らが京都をねらった。さらに、越中の桃井直常もこれに呼応して立ちあがった。

直常のひきいる越中勢は同年四月五日、前年の六月合戦いらい宿敵の吉見軍が占拠していた能越国境の芝峠の陣に攻撃をくわえた。だが、吉見軍の防衛は堅い。桃井軍の猛攻にもかかわらず、再び勝負はつかなかった。

桃井直常、直信は五月、芦峅寺に対し課役を免じるなどの策をとって、衆徒の軍勢を出すよう要請し、京へ進軍するかまえをみせた。直信が送った軍勢催促状は芦峅寺雄山神社に県指定の文化財としていまも残っている。

直常が能登勢に手をやいている間に、直冬党・南朝軍の楠木正儀、石塔頼房、山名時氏らは六月にはいって京に突入した。義詮は後光厳天皇を奉じて美濃へ走った。京都は再び南朝方の手にはいり、北朝、幕府についた貴族らは処罰を受けた。

だが、戦況は一カ月余りで変わった。陣をたてなおした義詮の勢力は再び優勢となり京をめざす。七月二十六日、義詮の軍勢は簡単に京都を奪回、南朝軍は京都をすてねばならなかった。二年近く鎌倉にいた尊氏も美濃に行き、天皇を奉じて入京した。京都は尊氏・義詮の手で小康を保った。

しかし、直冬を中心とする南朝方も手をこまねいていなかった。

京都の合戦にまにあわなかった長門（山口県）の直冬は準備をすすめ、翌正平九年五月、兵をあげた。さらに山名時氏とともに兵を京都に向けた。

一方、前の京都進撃に参加できなかった桃井直常も十二月、越中勢を引きつれ、加賀で小ぜりあいをしながら京へ向かった。途中で越前の斯波もたちあがった。

吉野から楠木正儀らの兵も出陣した。幕府方は義詮が播磨へ出征中のため、尊氏の兵は手薄だった。情勢を知った尊氏は、年の暮れも押しつまった十二月二十四日、後光厳天皇を奉じて近江へ逃げた。南朝方は三たび京都を手に入れたことになる。

正平十（一三五五）年一月十六日、まず越中勢をひきいる直常、直信がなんなく京にはいった。直義のときと同じように桃井が先陣だったわけである。斯波勢もはいり、直冬らもつぎつぎと凱旋した。

だが、南朝方の入京は結果的には失敗だった。京都は攻めやすく守りにくい町だ。播磨から急いで引き返した義詮は、陣を立て直した尊氏と連絡をとって狭撃作戦に出た。

尊氏は比叡山に陣をとり、義詮は山崎付近におり、直冬・直常らは京都市内に防備体制をしいた。

同軍は二月六日、まず山崎でぶつかった。戦いはこのあと二カ月余りに及び、両朝の運命をかけた激戦が展開される。その間の戦いの模様は「太平記」にくわしい。直常のひきいる越中武士たちもよく戦った。「太平記」に二月八日の戦いで、直常の部下の二宮兵庫助という越中武士が、〝桃井直常だ〟と名乗って幕府方の武将、細川清氏《きようじ》と激しい戦いのすえ、戦死したエピソードをのせている。清氏は直常の首級《しるし》をあげたと思ったが、身代わりだったという物

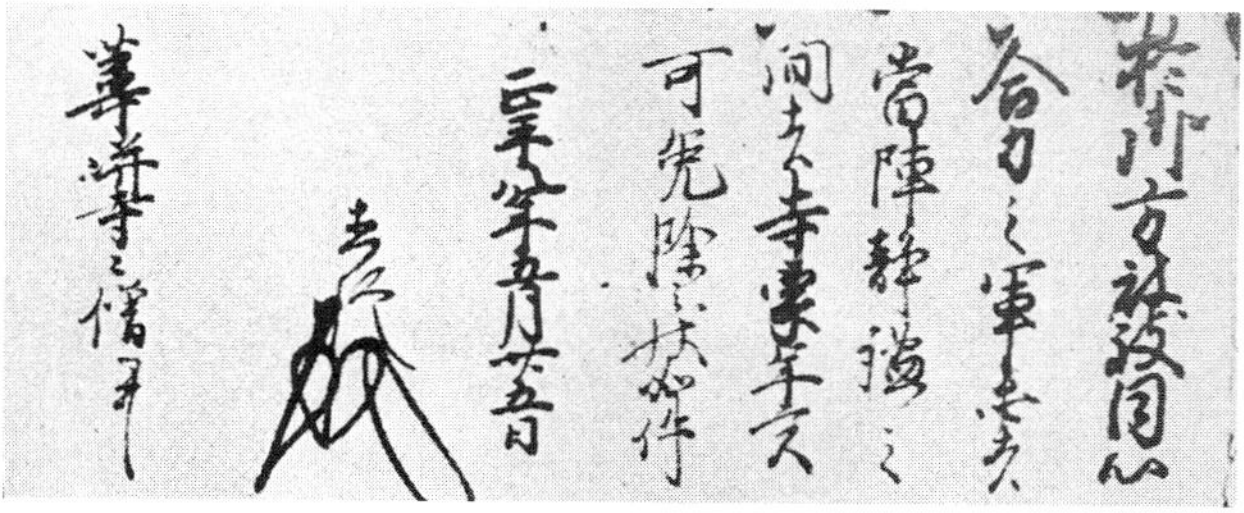

桃井直信が芦峅寺におくった軍勢催促状

語だ。いま二宮兵庫助について伝わるものはないが、家来が主人の身代わりになるという武士の姿がこの時代にあらわれているのは興味深い。

一カ月にわたる死闘の展開のあと、直常軍は三月八日の戒光寺《かいこうじ》の戦いで細川清氏軍についに敗れた。直常らは逃げた。主将・直冬も十二日に七条で敗退し、最後の拠点、八幡をすてて去った。京の都が戦火でほとんど灰燼となるころ、ようやく尊氏・義詮は都にはいり、幕府方は三たび京都を奪還した。

幕府の力はようやく強化された。直冬に従った斯波高経らも尊氏に帰順した。直冬はこのあとついに京都をふむことができなかった。京から去った桃井直常の行動ははっきりしない。越中にはいなかったようだ。越中の地はこのあと井上左京権太夫入道暁悟《ぎょうご》、細川頼基《よりもと》、斯波高経が守護となった。小ぜりあいがあったが、桃井の再挙までしばらくわりと静かだった。

直常の再挙

はげしい京都争奪戦のあと、政局も一段落した正平十三（一三五九）年四月、将軍・足利尊氏は五十四歳で世を去った。時勢をよく見つめ、波乱に富んだ一生だった。尊氏のあとは、義詮が将軍になった。だが足利政権は鎌倉幕府と違い地方守護の力が大きく大名化していき、つねに武将たちの主導権争いが起きた。室町幕府の宿命だった。

正平十六（一三六一）年には細川清氏と佐々木道誉《ささきどうよ》の対立が表面化、義詮が道誉に味方したので清氏は南朝方についた。清氏は楠木、石塔ら南朝軍とともに京を目ざした。義詮はまた天皇を奉じて十二月、近江にのがれた。南朝軍は都を手に入れた。だが、南朝は都を維持することができず、義詮は翌正平十七年三月、京に帰った。

南朝方の一時的な京都突入という情勢は、鳴りをひそめていた桃井直常が再挙をはかるチャンスとなった。桃井直常とその子・直和は正平十七年一月、信濃を越えて越中にはいり挙兵、幕府方と争った。そのころの越中守護は斯波高経だが、守護代の鹿《か》草《ぐさ》出羽守の治政は過酷で勝手だったため、土着武士の反感を買っていた。そこへ直常が旧好のよしみを通じて兵を集めたところ、野尻、井口、長沢らの諸士が応じ、桃井勢は一千余りの兵になった。勢いに乗った直常は鹿草を追い越中を押えた。さらに直常は加賀国の富樫を攻めようとした。一方、幕府方の能登、加賀、越前の兵勢はこれを聞き、越中国にはいり陣をとった。

桃井軍は幕府方が陣を作り終わらぬうちに逆に押し寄せた。先制攻撃は桃井軍のもっとも得意とする戦法だ。まず越前の兵勢が敗れ、能登の兵などもちりぢりになって逃げた。だが、桃井直常はちょっとした油断から敗れた。その不覚の模様は「太平記」にくわしい。

敵を追い散らした直常は本陣へ帰りひと休みしたあと、今後の方針などを決めるためただひとりで家来たちのいる「井口城」へ出向いた。そのとき、能登、加賀の三百人ばかりの兵が降参し本陣へ来て直常に面会をこうた。ところが、直常が出て行ったのを知らぬ家来たちは直常が見当たらないのに騒ぎはじめた。「さては桃井殿落ちられにけりと騒いで、我もどこかへ落ち行かましと物具を着るもあり、捨つもあり…」(太平記)と兵たちは陣屋に火を放った。投降に来た者たちは、このありさまを見て桃井の兵を追いかけ、次々と討ちとりはじめた。

直常はまだ井口城へついておらず、火の手にびっくりしたが、逃げてくる兵たちから「もうだめだ」といわれ、井口城に逃げこんだが、桃井軍はさんざんの目にあった。一方、昼の合戦で御服山《ごふく》(呉羽山)に逃げ帰った大将の鹿草らは、三百ばかりの兵が夜討ちをかけ捕虜をつれて戻ったとして彼らを称賛したが、投降のどさくさにまぎれて勝ったという真相がわかり逆に大笑いしたというエピソードも伝わる。

さて余談だが、桃井氏が拠地にした井口城のあった場所はどこか。南砺市井口(旧井口村)という説と朝日町大家庄という説がある。ともにいまは跡もほとんどなくなっている。西の方は古くから井口氏の拠城として村名にその名を残す。だが、東の方も「井口城」があったということで井口氏を名乗る者もいる。井口城の場所が象徴するように越中の中世は不明な点が多い。

不覚をとった桃井氏はこのあと石動山周辺で小ぜりあいを続けるが斯波氏におさえられ、しばらく鳴りをひそめる。だがその斯波氏も幕府内部の主導権争いに敗れ、正平二十一（一三六六）年幕府に手向かった。このころの足利幕府は足利一門と新興勢力が主導権をめぐって激しく対立していたのだ。

直常の最期

幕府内部の勢力争いから、越中守護でもあった管領・斯波《しば》氏は正平二十一年八月、将軍・足利義詮《よしあきら》とぶつかって失脚、義詮は越中守護に桃井直常の弟、直信《ただのぶ》を任命した。つねに尊氏、義詮に抵抗してきた武勇鳴りひびく桃井氏が斯波氏と手を結ぶことをおそれた義詮の懐柔策であったろうか。

だが、翌年（一三六七）斯波高経《たかつね》が病死するとその子・義将《よしまさ》は降参し、再び守護に返りざいた。

このころ、直常はどうしていたか。戦い利あらず、直常は越中を離れ鎌倉にはいり、関東管領・足利基氏《もとうじ》（義詮の弟）につかえていた。基氏をかつぎ、京都に対抗しようという気持ちを抱いていたのかもしれない。だが、正平二十二（一三六七）年、基氏が死んだため剃髪し、道皎《どうきょう》と名乗り京へのぼった。反尊氏・反義詮の旗印をおろしたことのなかった直常も、弟の直信の守護任命にみられるように一時的だが義詮に従ったといえる。

ところが、直常が最後の躍進をはかるチャンスがきた。同年七月、斯波高経の死のあと、十二月に義詮も死んだ。今でいう高血圧症だったという。あとはわずか十歳の義満が継いだ。これをきっかけに諸国で荒れそうなムードが流れた。

直常は翌正平二十三年二月、越中に戻って再挙の準備をすすめた。一年後の正平二十四年四月、まず松倉城を手に入れ、さらに軍勢を能登にすすめて吉見軍と戦い、やく二カ月にわたって連日、戦闘が続けられた。守護・斯波義将は京にいたが、すぐ討伐に向かった。

九月になり、直常は上京をはかり、子の直和《ただかず》に加賀守護・富樫昌家《とがしまさいえ》を攻めさせた。

だが、斯波義将、吉見氏頼らは多くの軍勢をひきいて富樫勢を助け、逆に越中に侵入。桃井側の多くの城がつぎつぎと落ちた。直常、直和らは松倉城に逃げこもった。

翌正平二十五(一三七〇)年三月、守護・斯波義将や富樫昌家らは多数の兵をつれ、桃井勢の根絶をはかって進攻した。桃井直和らは長沢(富山市婦中町長沢地内)に布陣し、三月十六日そこでぶつかった。義将らの兵は三千だったが、直和の別働隊が不意に横手からおそい火攻めにしたので斯波勢の将兵三百人が死傷した。だが義将の従士である鹿草、二宮、織田、朝倉らが力戦、ついに直和は戦死した。残兵は松倉城に戻ったが、松倉城からも投降者がつぎつぎと出て、直常は飛騨へ逃げた。斯波義将は京へ帰ったが、直常は翌建徳二年七月、飛騨国司・姉小路家綱《あねがこうじいえつな》の兵をつれて越中へはいり、石動山天平寺の衆徒と連絡して斯波氏の城・守山城(二上山)をはさみうちにして破るなど一時は優勢だったが、越中武士たちはすでに直常から離れていた。七月二十八日、直常勢は砺波郡の五位庄へ進攻したが、斯波氏の援軍をえた能登・吉見軍と戦ったものの利あらずついに敗れた。

富山市牧野地内の越中守護桃井直常墓と伝わる五輪塔

このあと、直常についての資料はない。その後の直常についての言い伝えとして諸説が残る。①五位庄の戦いのとき戦死した②文中三（一三七四）年松倉城で斯波氏に攻められ自害し、二男直久が放生津へのがれ直常らの墓をつくった③天授六（一三八〇）年六月、岩瀬城（富山市四方付近）にこもり、妻や娘を海に沈めたうえ最後まで従った武士とともに自害した――などだ。いずれも確証はない。

その墓や塚と称するところも県内にいくつかある。

富山市布市に国泰寺系統の興国寺という寺がある。直常を開基と伝える寺だ。いまも、興国寺殿定門天授二年丙辰六月二日皈元と書いてある直常の位碑とその妻の位碑が残っている。同寺に直常の墓と称する宝筺印塔《ほうきょういんとう》がある。

このほか、富山市牧野地内などにも墓と伝える五輪塔などが残っている。いずれも後世に作られた供養塔らしい。正確な遺物や遺跡がほとんどないが、直常が越中武士をひきいて活躍した足跡は大きかった。

南北朝の合体

桃井直常の没落によって、越中における南北朝争乱期はほぼ終わった。

桃井直常の正確な行動や人物像については不明な点が多いが、最後まで反尊氏・反義詮の旗じるしをおろそうとせず幕府に抵抗した行動からみても、政治家というより野心に燃えた文字どおりの武将だった。直常の主舞台は京都と越中であり、その兵力の中心は越中武士であった。北国の寒さにたえながら育ち、粗食にも慣れた越中武士たちは強じんで、たびたび直常のもとで活躍した。彼らの動向が直常を京都に進出させ、あるいは没落させる因になったといえる。南北朝動乱期における越中武士のくわしい個人的な行動は伝わらないが、戦乱の火は越中全域に広がっていた。能登・吉見軍との攻防戦場となった氷見地方や松倉城を中心とする新川地方などである。また、国人どうしの小ぜりあいも数多くあったようだ。射水市新湊付近に勢力を持っていた姫野一族の活躍、直常に従った小出一族や八尾町に力のあった斎藤氏などが部分的にその名を残しとどめている。

余談になるが、南北朝乱期の武士の戦法は源平時代からみて変化しつつあった。源平争乱期には一騎打ちの作法があったが、この時代にはそうした戦い方は影をひそめ集団的な攻め合いがほとんどだった。また武将ではないが、越中が生んだ名刀匠・郷《ごうの》義弘《よしひろ》もこの年代の人で、松倉城近くに住んでいたと伝えられている。

直常なきあとも、衰えたとはいえ越中の南朝方は五箇山などでくすぶりつづけていた。石黒重行らは他の南朝方遺臣とともに五箇山にはいり抵抗のかまえを見せたが、幕府方に攻めこまれ敗れたという伝えも残っている。

南朝方の衰えは全国的だった。勢力を盛り返す余地はほとんどなかった。足利政権はようやく安定性を加えつつあった。こうした情勢下の天授四（一三七八）年、将軍・足利義満は京都室町に「花の御所」とよばれる新邸をきずいた。室町幕府とよぶようになったのはこの新邸の地名からである。

さらに懸案になっていた南北両朝の合体も元中九（北朝明徳三・一三九二）年、南朝の後亀山天皇が北朝の後小松天皇に三種の神器を渡し、譲国する形式をとるなどの条件で成立した。このあと南朝方残党の小さな動きはあったものの、一応六十年近く続けられた両朝対立は区切りをつけた。

その後、しばらく幕府内部の抗争や関東管領内部での対立があり九州などで争乱があったが、将軍・義満は有力守護・大内義弘などを倒し、幕府内部を足利一門で固めていった。

越中の地も南朝残党の動きがみられたが、しばらくは割り合い平穏だった。ここで桃井没落以後の越中守護をみてみよう。

桃井直常が砺波郡五位庄で敗れ、行くえが不明になったころ越中守護は足利一門の斯波義将《しばよしまさ》だった。義将は足利幕府の中枢部にいて、管領（足利将軍の執事で、鎌倉時代の執権にあたる）に前後三回なり、政治、武勇にすぐれた人物だったという。直常討伐に越中へ出向いたこともあったが、ほとんど京におり守護職は代官にまかせていたと思われる。義将のあと、天授五（一三七九）年細川安芸太郎《あきのたろう》が守護をつとめたが、翌天授六年、畠山基国《はたけやまもとくに》が守護になった。このあと戦国時代にはいるまで越中の守護は畠山氏が続けた。

畠山氏も足利一門で三管領の一つであり、基国も管領として中央政治に参加していたため越中にいることはほとんどなく越中の地は代官たちにまかされた。しかし、幕閣の中心部にいた畠山氏が守護になったことで、越中の地はつねに中央政界の抗争にまきこまれ、越中武士たちも争乱の中にくみこまれていった。

本書は昭和44年に北日本新聞社から発刊された
『越中の武将たち』の平安・鎌倉時代から室町・南北朝時代
までを中心に再構成し一部加筆したものです。

越中の武将たち ㊤［中世編］

平成24年11月10日発行

取材・執筆　河田　稔（北日本新聞社 相談役）

発 行 者　板倉　均

発 行 所　北日本新聞社
〒930−0094 富山市安住町２番14号
電話　076(445)3352
FAX　076(445)3591
振替口座　00780−6−450

編集制作　(株)北日本新聞開発センター

印 刷 所　北日本印刷（株）

定価はカバーに表示してあります。

ISNB978−4−86175−066−3　C0023　Y952E